不忘初心　牢记使命

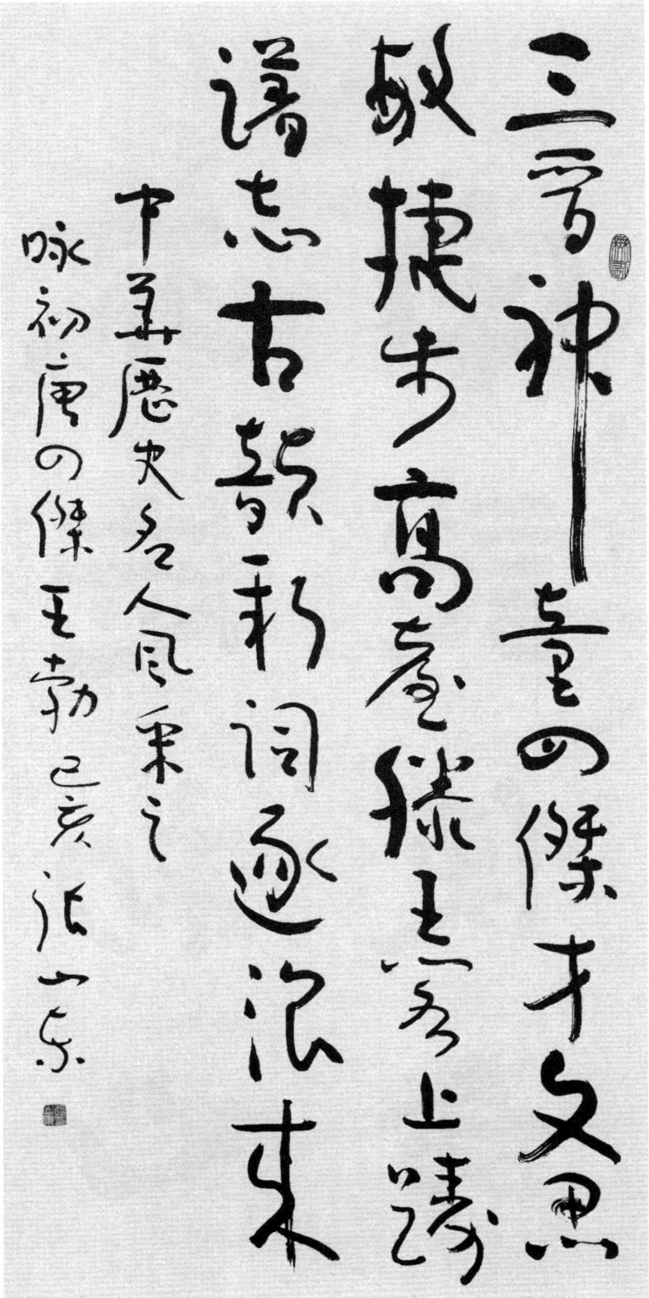

三晋神童四杰才，文思敏捷步高台。

滕王阁上踌躇志，古韵新词逐浪来。

中华历史名人风采

张山东 著

江西高校出版社
JIANGXI UNIVERSITIES AND COLLEGES PRESS

图书在版编目(CIP)数据

中华历史名人风采 / 张山东著. —南昌：江西高校出版社，2020.4(2020.9 重印)
ISBN 978-7-5493-9536-1

Ⅰ. ①中… Ⅱ. ①张… Ⅲ. ①历史人物—列传—中国 Ⅳ.①K820

中国版本图书馆 CIP 数据核字(2020)第 065536 号

出版发行	江西高校出版社
社　　址	江西省南昌市洪都北大道 96 号
总编室电话	(0791)88504319
销售电话	(0791)88517295
网　　址	www.juacp.com
印　　刷	保定市铭泰达印刷有限公司
经　　销	全国新华书店
开　　本	700 mm × 1000 mm　1/16
印　　张	17
字　　数	265 千字
版　　次	2020 年 4 月第 1 版
印　　次	2020 年 9 月第 2 次印刷
书　　号	ISBN 978-7-5493-9536-1
定　　价	68.00 元

赣版权登字-07-2020-354

序

张山东先生是位喜欢读书的人。他信奉郑成功“养心莫若寡欲，至乐无如读书”的名言，在人生的不同年龄段，因不同的驱动力，一直保持读书的习惯。年少时，父母教育他，“知识是人生财富，偷不去，抢不走，丢不了”，这个时候他想为家族争光而努力读书。高中时，因班主任的引导，他立志奉献社会而刻苦读书。大学毕业后，他先后主持抚州地委讲师团、地区工商局、东乡县委县政府，以及抚州市、上饶市中级人民法院工作，都得到了上下认可，此时的他因不辱使命而读书。退休以后，他相信知识可以保持人生价值，于是更专心于读书。

这一路读来，让山东先生成了一位饱学之士，也让他结识了历史上诸多名人。在与名人的神交中，他感受到先贤的魅力。因此他想尽他的微薄之力，起一个传承历史的接力棒作用，让这些名人的风采烛照人间。

苏轼云：“大江东去，浪淘尽，千古风流人物。”历史上的风流人物虽然离去，但他们的影响历久弥新。所以，历代文人不乏咏诵人物之作，如曹植、陶渊明、庾信、陈子昂、祖咏、李白、杜甫、张籍、白居易、李商隐、陆龟蒙、欧阳修、王安石、苏轼、王十朋、陆游、范成大、杨万里、元好问、高启、杨慎、徐渭、顾炎武、袁枚、张问陶、龚自珍等，都留下脍炙人口的咏人诗。后来，又出现了咏人的对联，如熊用梅的《言行录名人对联》。

《中华历史名人风采》是张山东先生又一部以旧体诗的形式吟咏古代人物的精彩之作。全书类分政治、经史、科技、文艺等。政治类36人，其中名君12人，名臣24人；经史类19人；科技类9人；文艺类31人，其中文学18人，书画11人，音乐2人；名女类则介绍了历史上7位知名女性。在体例上，每位名人都配有一首七绝，以诗的形式对名人做一个历史性评价。接着介绍名人里籍、生平，再接着或讲述名人故事，或介绍名人的功绩、贡献。这本书，既有故事性，也极富知识性。

山东先生著作颇丰，先前出版的《闲联淡墨》《古代廉政对联选注》《咏古百首》，均有各自的特色。《闲联淡墨》乃与书家唐高潮联手，张山东先生撰唐书，珠联璧合，在联坛、书坛获得了颇高的评价。值得注意的是，作者就中还创作了不少咏人联，诸如孔丘、宓子贱、范蠡、庄周、屈原、张骞、诸葛亮、曹植、羊祜、谢安、谢灵运、王勃、颜真卿、范仲淹、晏殊、王安石、曾巩、陆游、吴澄、汤显祖、冯梦龙、揭暄、艾南英、饶岱章、舒同等，都在精心结撰的对联中，得到了艺术的展现，为对联品评历史人物做出了有益的探讨。《古代廉政对联选注》则是国内第一部历代廉政对联的优秀选本。此书出版后，广获好评，影响深远，说它是反对腐败、倡导廉政的助推剂，并不过分。《咏古百首》则是与书家李贵阳、画家汪小曙通力合作的诗书画精品，同样让人爱不释手。另有《钟陵乡人》则以诗文对联的形式记述了他几十年的实践历程和理性思考，予人启发。可以这么看，由于作者有着弘扬传统文化的使命感，加之长期的知识积累、丰厚的文史素养及完美的艺术追求，使他每一本著作都为读者奉献了有益的精神食粮。他说："人过七十，名利全无，只求余年的社会价值得于延续。"我们完全有理由相信，山东先生的社会价值一定会通过他的努力，再次得到体现与延续。

龚联寿

2019年12月于南昌

（作者系江西大学教授，中国楹联学家，江西省楹联学会原会长）

前言

《中华历史名人风采》是我会张山东先生继《咏古百首》后的又一本读史笔记。该书选取历史上有重大影响的人物，含政治、经史、科技、文艺等类，计102位，进行解读。其中政治类名家36人，主要是在国家治理、军事等方面有重大建树者；经史类名家19人，主要是在哲学思想、古籍整理及史志编修方面成就显著者；科技类名家9人，主要是在改造自然、发明创造方面造福人类者；文艺类名家31人，主要是在诗文（含词曲、小说、剧作）、书画、音乐方面出类拔萃者；另有贤妻良母、和戎破敌等历代传之不衰的名女7人。

该书以诗立意，以文补充，把握历史观和辩证观来解读历史人物，述其功，探其因，或评其得失及历史局限，以展示中华历史文明，借鉴于今。诗多为七绝句，观点鲜明，力求形象思维与逻辑思维相结合。解说文字力求准确，介绍人物尽量客观并通俗。期望在“读书强国”中对开卷者有所帮助。

本书作者是一位曾经多个管理岗位的老同志，退休后“不负初心、牢记使命”，读书不辍，热心公益，为弘扬中华优秀传统文化无私做奉献。

抚州市传统文化促进会会长　何国辉

2019年12月6日

目录

·政治类名家·

·经史类名家·

·科技类名家·

·文艺类名家·

(一)文学

(二)书画

(三)音乐

·名女·

姬　昌(周文王)

慎刑明德文王始，广聚贤才礼乐兴。

羑里城中演周易，千秋理政为准绳。

姬昌（约前1152—前1056年），商代后期岐周（今陕西省宝鸡市岐山县）人。继承西伯侯之位，故称西伯昌。西伯昌四十二年（前1058年），称王，史称周文王。在位50年，是中国历史上的一代明君。

姬昌继位，效先祖古公亶父、父亲季历之法，奉行德治“怀保小民”，倡导“笃仁，敬老，慈少，礼下贤者”的社会风气；发展农业生产，采用“九一而助”的政策，即划分田地，让农民助耕公田，纳九分之一的税；征收租税有节制，让农民有所积蓄；开放关市，商人往来不收关税；慎用刑罚，罪犯的家人不连坐；等等。为劝阻商纣王使用炮烙之刑，献上周国洛河西岸的一块土地为交换。姬昌因明德慎罚，崇尚教化，礼贤下士，得到了天下百姓的爱戴。许多外部落的人才包括商王朝的贤士，如姜尚、伯夷、叔齐、太颠、闳夭、散宜生、鬻熊、辛甲等，都先后归附在姬昌部下。

姬昌拜姜尚为军师，收附虞、芮两国，攻灭黎（今山西长治市西南）、邘（今河南沁阳西北）等国，使“天下三分，其二归周”。国力日渐强大，建都丰（豐）邑（今陕西西安市长安区沣河以西），为后来武王灭商奠定了基础。周文王死后10年，其子武王姬发灭商。

姬昌深谋远虑，处变不惊。相传商纣王忌讳姬昌之能和西周的强大，将姬昌拘于羑里(今河南汤阴县)，并将姬昌儿子伯邑考烹为肉汤与其分食。姬昌虽痛苦在心，仍神色从容地喝下这碗人肉汤。

姬昌在拘禁期间，探索自然和社会规律，悉心钻研上古时期伏羲氏创造的先天易(先天八卦)、神农氏创造的连山易(连山八卦)、轩辕氏创造的归藏易(归藏八卦)，将其规范化、条理化，演绎成六十四卦和三百八十四爻，后有了卦辞、爻辞，形成《周易》。它以简单的图像和数字，以阴和阳的对立变化来阐述纷纭繁复的社会现象。经后代学者的不断探讨及深化发展，《周易》成为中国最早的经书，是诸子百家之源，导引了中国古代的文化发展轨迹，影响着今天的文化基质。《周易》是中华民族的文化之源。上述周文王的治理之道有得于《周易》的启发。

周文王治理国家的思想理念，对后世的影响深远。如临终遗言《保训》里所含的"中"的观念，或称中道，是《保训》全篇的中心，它与儒家后来所说的"中庸之道"有着内在的联系。《礼记·文王官人篇》提出了"六征观人法"——是一套记载最完备、最系统、最成熟的鉴别人才的方法，既是"观人术"(相人)，又是"官人术"(管人)和用人术。这种用来考察人品之高下、评定才能之优劣的"官人"法，对于后世识别人才、考察人才也有深远的影响。在政治上，周文王所奠定的西周政体是中国几千年封建专制集权之先声，孔子赞其为"三代之英"。后世儒家把周文王当成"内圣外王"的典型，作为判断国家管理是非曲直的标准。所谓"文武之道"，即周文王和周武王的做法，如"张而不弛，文武弗能也；弛而不张，文武弗为也；一张一弛，文武之道也"。

武则天称制时自称武家为姬昌后代，追尊周文王为始祖文皇帝。

刘　恒(汉文帝)

亲尝苦药报三春，秉德怀柔化四邻。

废弃肉刑重人性，升平气象海之滨。

刘恒(前 202—前 157 年)，汉高祖第四子，初封为代王，吕后去世，被拥立为汉文帝，在位 23 年，稳定了汉初封建统治秩序，社会经济得以恢复发展。汉文帝与其子汉景帝统治时期被合称为“文景之治”。死后庙号“太宗”，谥号“孝文皇帝”。

刘恒之母薄姬，原是项羽所封魏国王宫的宫女。刘邦打败魏国后，将宫女选进后宫，和薄姬生了刘恒。刘恒出生后，薄姬仍然是“姬”，没有升到“夫人”。母子遭到冷遇，故行事谨慎低调。刘恒被封为代王后，母子一直住在代郡(今河北蔚县)，离京城较远，地位也没其他王子那样显赫，因此躲过了吕后的迫害。

刘邦死后，吕后所生刘盈继位为惠帝，吕后专权。刘邦其他几个儿子，非吕后所生，均受到排挤，被杀害的有 4 个。至吕后死时，刘邦只有 2 个儿子在世。吕后一死，太尉周勃、丞相陈平等大臣迎立代王刘恒入京继位，为文帝。

文帝即位后，贾谊作《过秦论》，分析秦由强到亡的原因，在于“仁义不施”，提出治国的根本方针“牧民之道，务在安之”，深得刘恒赞许。因此，“秉德怀柔，安民为本”成为文帝治国的基本方针，于是有如下措施：

减省租赋，减轻徭役；兴修水利，发展经济；废山林之禁，让百姓使用；废除连坐法，废除残害人体的肉刑，如黥、劓、刖、宫、大辟等；对匈奴和亲的同时，实行“募民实边”政策，在边地建立城邑，招募内地人迁徙边地，一面种田，一面备战；对南越改变扼杀政策，采取安抚政策，向南越提供发展生产所需的铁器、农具、马、牛、羊等；对周边少数民族以礼相待，不轻易用兵，边境得以安宁；生活节俭，谢绝贡品，衣着朴素，所乘坐的车马无增。

其中宽松刑罚，废除肉刑缘起于缇萦救父之事。据《资治通鉴》记载：齐太仓令淳于公有罪当刑，其最小的女儿缇萦上书为父亲辩白；并指出刑法苛刻，犯人没有改过自新的机会；请求没入为官婢，以赎父刑罪，使得自新。文帝怜悯其意，下诏：“《诗》曰：‘恺悌君子，民之父母。’今人有过，教未施而刑加焉，或欲改行为善，而道毋由也，朕甚怜之！夫刑至断支体，刻肌肤，终身不息，何其楚痛而不德也！岂称为民父母之意哉！其除肉刑。”

※后人评说

唐·司马贞《史记·索隐孝文本纪述赞》：孝文在代，兆遇大横。宋昌建册，绛侯奉迎。南面而让，天下归诚。务农先籍，布德偃兵。除帑削谤，政简刑清。绨衣率俗，露台罢营。法宽张武，狱恤缇萦。霸陵如故，千年颂声。

东汉·班固《汉书·文帝纪》：孝文皇帝即位二十三年，宫室、苑囿、车骑、服御无所增益。有不便，辄弛以利民。尝欲作露台，召匠计之，直百金。上曰：“百金，中人十家之产也。吾奉先帝宫室，常恐羞之，何以台为！”身衣弋绨，所幸慎夫人衣不曳地，帷帐无文绣，以示敦朴，为天下先。治霸陵，皆瓦器，不得以金、银、铜、锡为饰，因其山，不起坟。南越尉佗自立为帝，召贵佗兄弟，以德怀之，佗遂称臣。与匈奴结和亲，后而背约入盗，令边备守，不发兵深入，恐烦百姓。吴王诈病不朝，赐以几杖。群臣袁盎等谏说虽切，常假借纳用焉。张武等受赂金钱，觉，更加赏赐，以愧其心。专务以德化民，是以海内殷富，兴于礼义，断狱数百，几致刑措。乌呼，仁哉！

名列“二十四孝”：刘恒在母亲卧病时，常衣不解带，陪侍左右。母亲所服的汤药，必亲口先尝后才放心让母亲服用。因此被后人列为“二十四孝”之一。

刘　秀（汉光武帝）

重整河山光汉室，能征善治靖中华。
裁员并县释奴婢，化雨春风百姓家。

刘秀（前6—57年），字文叔，籍贯南阳郡蔡阳县（今湖北省枣阳市），出生于陈留郡济阳县（今河南兰考县）。政治家、战略家、军事家，东汉开国皇帝，在位33年。东汉初年，社会安定、经济恢复、人口增长，因刘秀谥号为“光武”，所以此时期被称为“光武中兴”。

刘秀系汉高祖九世孙，因“推恩令”，家世递降，至父辈仅为县官。9岁时父死家贫，同哥哥妹妹回到祖籍枣阳春陵白水村，依靠叔父刘良抚养，成了普通的农民。刘秀勤于农事而喜欢读书，后到长安，习《尚书》，明大义。

西汉后期，王氏外戚集团得势。王太后之侄王莽先是摄政，后废汉帝自立，建立了新朝，史称“新莽”，西汉210年的历史终结。新莽末年，因其推行的改革盲目崇古，不切实际，触动了上至豪强、下及平民的利益；加之水、旱等天灾不断，广袤中原赤地千里、哀鸿遍野，引发了绿林、赤眉、铜马等数十股农民军起义，大批豪强地主也乘势开始倒莽，天下大乱。

地皇三年（22年），刘秀会同大哥刘縯打着“复高祖之业，定万世之秋”的旗号，于春陵正式起兵反莽。次年，西汉宗室刘玄被绿林军拥立为帝，为“更始帝”。刘秀受封为太常偏将军，在昆阳之战大败新莽军，新莽政权土崩瓦解后，刘秀行大司马职事北渡黄河，镇慰河北州郡。刘秀在河北日益壮大，更始帝封刘秀为萧王，令其交出兵马，回长安领受封赏。刘秀拒不领命，在扫平河北铜马等军后，建武元年(25 年)6 月在众将拥戴下，于河北鄗城(今河北省邢台市柏乡县固城店镇)即皇帝位，国号仍然使用“汉”，史称后汉(唐末改称东汉)。刘秀定都洛阳，在西汉京城长安之东。

刘秀称帝后，至建武十二年(36 年)，用了 12 年的时间终于克定天下，结束了四分五裂、战火连年的岁月。此时，天下人口已经是“十有二存”。

为了使饱经战乱的中原之地尽快得到恢复和发展，刘秀偃武修文，励精图治。刘秀“知天下疲耗，思乐息肩。自陇、蜀平后，非警急未尝复言军旅”。解除功臣兵权，而善待之，分封 360 多位功臣为列侯，给予尊崇的地位。

刘秀连续 6 次发布释放奴婢和禁止残害奴婢的诏书；为减少贫民卖身为奴婢，经常发救济粮，减少租徭役，使得自西汉末年以来大量失去土地的农民沦为奴婢的问题得到了极大的改善，也使得战乱之后大量土地荒芜而人口又不足的问题得到了解决。同时，刘秀还大力裁撤官吏，合并郡县。“并省四百余县，吏职减损，十置其一”，极大地减轻了人民的负担。到刘秀统治的末期，人口数量达到了 2000 多万，增长了一倍多。与此同时，还兴修水利，发展农业生产，经济也得到了极大的发展。

刘秀勤于政事，“每旦视朝，日仄乃罢，数引公卿郎将议论经理，夜分乃寐”。把一切行政大权归之于皇帝直接指挥的尚书台，由尚书省管理国政。重用文人，置“五经博士”，兴办学校，建馆收集散失于民间的图书。历史上称其统治时期为“光武中兴”，国势昌隆，号“建武盛世”。

※后人评说

南北朝·范晔《后汉书》：帝虽身济大业，兢兢如不及，故能明慎政体，总揽权纲，量时度力，举无过事，退功臣而进文吏，戢弓矢而散马牛，虽道未方古，斯亦止戈之武焉。

唐·李靖《唐李问对》：独能推赤心，用柔治，保全功臣，贤于高祖远矣。

宋·胡一桂：身衣大练，色无重彩；耳不听郑卫之音，手不持珠玉之玩；宫房无私爱，左右无偏恩；损上林池御之官，废骋望弋猎之事；勤约之风，行于上下。是以三十年间，四夷宾服，百姓家给，政教清明。

明·王夫之《读通鉴论》：三代而下，取天下者，唯光武独焉……而宋太祖其次也。

拓跋宏（北魏孝文帝）

少逐文明仰汉宫，迁都改俗促交融。

英年逝去英雄志，华夏同风永世功。

拓跋宏（467—499 年），改汉姓元，又名元宏，鲜卑族人，生于当时北魏的首都平城（今山西省大同市），北魏第七位皇帝，称“孝文帝”。在位 19 年（亲政 10 年），中国历史上杰出的少数民族政治家、改革家，汉、胡民族融合的先行者。

拓跋宏 3 岁被立为太子，由于北魏实行子贵母死制度，生母即被赐死，由祖母冯太后抚养成人。拓跋宏 5 岁即位，由祖母冯太后执政。冯太后足智多谋，具有丰富的政治经验和才能，自太和元年（477 年）以后，开始在社会风俗、政治、经济等方面进行一系列重大的改革，有意识地进行汉化。下令禁绝“一族之婚，同姓之娶”，从婚姻上改革鲜卑旧俗。建立班制俸禄，颁行“均田制”和“三长制”。给北魏社会带来重大的变化。

拓跋宏从小受祖母冯太后的教育影响，精通汉学，克文克武。太后死后，永明八年（490 年），孝文帝正式亲政。他继承太后遗志，进一步推行改革：重用汉族士人，在各方面进一步实施汉族制度；整顿吏治，仿照汉人官制，考核定官品；立三长制，实行均田制；以“南伐”为名迁都洛阳；参照南朝典章，修改北魏政治制度；全面改革鲜卑旧俗，全盘推行汉化，使鲜卑经济、文化、社会、政治、军事等方面得到大大的发展。模仿汉族王朝的礼仪，修明堂、建太庙、正祀典、迎春东郊、亲耕籍田，祭祀舜、禹、周公、孔子，养国老、庶老等。设太乐官，定雅乐，依据儒家六经，参照各国音乐志，制定声律。颁布新律令，废除了北魏初年残酷的车裂、腰斩，改为枭首、斩首和绞刑三等，把夷五族、夷三族等酷刑加以降等，夷五族降止同祖，夷三族降止一门，门诛降止本身。禁胡服，改汉服，改鲜卑姓为汉姓。鼓励鲜卑贵族与汉士族联姻，大大缓解了民族隔阂。拓跋宏开创了一个民族融合、文化繁荣的新时代，史称"孝文帝中兴"。

拓跋宏一生勤学，手不释卷，精通五经，博涉史传。善谈老庄，尤其通晓佛教义理。因此洛阳留下了灿烂的儒、道、佛相容的文化遗迹。亲政 10 年，日理万机，勤于国事。操劳于朝堂之中，奔波于疆场之上。祭天地、五郊，祀宗庙，常必躬临，不以寒暑为倦。尚书奏案，多自审阅；百官大小，无不留心，务于周洽。而疏于家事，致太子逆反，被杀，江山后继无人。皇后别恋，心痛不已。拓跋宏 33 岁病逝于征战归途。

汉文化在北朝兴起，但是仍然有很多鲜卑人抵制。魏孝文帝英年早逝，不久北魏国内陷入混乱。鲜卑贵族争权夺利，导致北魏分裂为东西两魏。30 年后两魏灭亡。

※后人评说

唐·虞世南《帝王论略》：后魏代居朔野，声教之所不及。且其习夫土俗，遵彼要荒。孝文卓尔不群，迁都瀍涧，解辫发而袭冕旒，祛毡裘而被龙衮，衣冠号令，华夏同风。自非命代之才，岂能至此？比夫武灵胡服，不亦优乎！然经国之道有余，防闲之礼不足。臣主俱失，斯风遂远。若其威仪技艺，鲁庄公之匹也，亏损盛德，吁可惜哉！

宋·司马光《资治通鉴》：选举之法，先门第而后贤才，此魏、晋之深弊，而历代相因，莫之能改也。夫君子、子人，不在于世禄与侧微，以今日视之，愚智所同知也；当是之时，虽魏孝文之贤，犹不免斯蔽。故夫明辨是非而不惑于世俗者，诚鲜矣。

杨　广(隋炀帝)

一统雄图马上功，难期失利在辽东。

开科取士兴文教，从此寒门世族同。

杨广(569—618年)，即隋炀帝，一名英，小字阿麽，华阴(今陕西省华阴市)人，在位15年。政治家，军事家。

杨广文武兼备，胸怀大志。青年时执掌兵权。率军灭陈、南平林邑、西吞吐谷浑，完成了南北一统。三次征讨高句丽(高句丽占领辽东)失败，耗费极大。

重视文化教育，恢复国子监、太学，州、县学。废除魏晋以来选官注重门第的九品中正制，设立进士科，重才学品质，不重门第，让读书和考试为官相联系，官员素质提高，寒门与世族子弟机会相对均等，有利于中央集权国家统一管理。隋代典定科举制度，这是中国历史上影响极其深远的大事。

杨广倡南学，又征辟儒生，注疏典籍。《隋书》《北史》记载，远近儒生纷纷前来，并被组织起来互相辩论学术问题。由高级官员给他们排列名次，上报隋炀帝。因此许多寒士得以重振门庭，典籍研究盛极一时。南北的传统兼容并包。古代的典籍都被注疏。

编辑地方风物志。隋炀帝诏命天下诸郡绘制各地风俗物产地图，编撰《诸郡物产土俗记》131卷、《区宇图志》129卷、《诸州图经集》100卷。上述地方志书，规模宏大，既是承前启后的总结性著作，也是编撰全国性方志图经的开端，影响深远。“今于大隋圣世，图书屡出。”

迁都洛阳，修大运河。大运河以洛阳为中心，南至会稽，北到涿郡（今北京），全长 2700 公里，纵贯中国最富饶的东南沿海和华北大平原，经过今浙江、江苏、安徽、河南、山东、河北、北京七个省市，通达黄河、淮河、长江、钱塘江、海河五大水系，是中国古代南北交通的大动脉，是世界上开凿最早、规模最大的运河。

大运河的开通，加强了对隋唐时期南北经济、文化的交流，维护了全国统一和中央集权制，促进了运河两岸城市的发展，江都、余杭、涿郡等城市很快繁荣起来。

杨广西巡开拓疆土、安定西疆、大逞武威、威震各国，开展贸易、畅通丝路，乃一代有作为的国君所为。唐太宗感慨地说：“大业之初，隋主入突厥界，兵马之强，自古已来不过一两代耳。”新罗（朝鲜部分）、倭国（日本）、赤土国（今马来半岛克拉地峡一带）等缔结友好。

但由于杨广急功近利，用兵太勤，更由于大兴工程，除运河外，还在各地大修宫殿苑囿、离宫别馆，令民不堪重负。“天下死于役”，致义军遍地，社稷难保。

杨广一生，其功也甚大，其失也分明。后人有“罪在当代，利在千秋”之说。隋代光芒短暂而辉煌，遗留骂名也不少，这是个争议最多的朝代。

杨广善诗文，名篇名句影响了唐诗的发展。如《饮马长城窟行示从征群臣》“树兹万世策，安此亿兆生”。《春江花月夜》“暮江平不动，春花满正开。流波将月去，潮水带星来”。《夏日临江》“夏潭荫修竹，高岸坐长枫。日落沧江静，云散远山空。鹭飞林外白，莲开水上红。逍遥有余兴，怅望情不终”等。意境高远，对仗工整。

※后人评说

《隋书》：骄怒之兵屡动，土木之功不息。频出朔方，三驾辽左，旌旗万里，征税百端，猾吏侵渔，人不堪命。

皮日休《汴河怀古》其二：尽道隋亡为此河，至今千里赖通波。若无水殿龙舟事，共禹论功不较多。

武则天（武周皇帝）

贞观续继启开元，一代鸿猷自御媛。
帝国从来男作主，乾陵碑上复何言。

武则天（624—705 年），本名照，后改名曌，祖籍并州文水（山西省吕梁市文水县）。政治家，自立为帝，在位 15 年，自称武家为西伯姬昌之后，追尊周文王为始祖文皇帝，因建国号为“武周”。

武则天系唐朝功臣武士彟次女，母亲杨氏。14 岁入后宫为唐太宗的才人，唐太宗赐号“武媚”。唐高宗时初为昭仪，后为皇后，与唐高宗李治并称“二圣”。弘道元年（683 年）始，以唐中宗、唐睿宗的皇太后身份临朝称制，天授元年（690 年）自立为武周皇帝，神龙元年（705 年）退位。

武后治国重视延揽人才，首创科举考试的“殿试”制度；知人善任，重用了狄仁杰、张柬之、桓彦范、敬晖、姚崇等中兴名臣。主政期间，政策稳定、兵略妥善、文化复兴、百姓富裕，故有“贞观遗风”的美誉，为其孙唐玄宗的开元之治打下了长治久安的基础，上承贞观之治，下启开元盛世。

武则天作为女子称帝，冲破了当时社会伦理观念，既要非凡的勇气，还需要非凡的才华，更需要承受超越常人的辛劳。其为巩固大周政权，采取了不少排挤李家亲族之策略，包括灭除皇子，因此负面评价也有不少。

武则天好学，通典籍，能诗文，书法有丈夫气概。作有《唐享昊天乐》《臣轨》等诗文，显示其政治家的见识。死后，与高宗合葬于乾陵，并立无字碑，足见其明智。

武则天的诗，很有功底，如：

《九日游石淙》

三山十洞光玄箓，玉峤金峦镇紫微。
均露均霜标胜壤，交风交雨列皇畿。
万仞高岩藏日色，千寻幽涧浴云衣。
且驻欢筵赏仁智，雕鞍薄晚杂尘飞。

李隆基(唐玄宗)

开元盛世建隆基,浩浩中华万首诗。

久处高危神倦怠,消沉且莫说娥眉。

李隆基(685—762 年),即唐玄宗,又称唐明皇,政治家、诗人、音乐家。在位 44 年,开创了“开元盛世”。

李隆期在位前期选贤任能,量才授职,整饬吏治,裁汰冗员,在经济、军事、文化诸方面采取一系列有效措施,因而出现了经济、文化空前繁荣鼎盛的现象。在位后期,贪图享乐,疏于治国,导致“安史之乱”发生,唐朝开始衰落。

李隆基在位时间久,任用宰相几十人,有名的贤相先后有姚崇、宋璟、张说、张九龄等。其中张九龄出身于岭南,当时那里地处偏远,朝中少有高官,而能得到玄宗信任,说明玄宗看重人的品德和才干,而不是看重其背景。张九龄为相后,主持公正,对于玄宗的过错,及时劝谏,不因为玄宗对自己有知遇之恩而隐瞒实情。

李隆基不仅慧眼识贤相,还对吏治进行了整治。第一,精简机构,裁减多余官员,提高了效率,也节省了政府支出。第二,确立严格的考核制度,加强对地方官吏的管理,派按察使到各地巡查民情,纠举违法官吏。其中尤其重视对县令的任免,亲自出题考核。第三,重新将谏官和史官参加宰相会议的制度予以恢复，监督朝政。李隆基的知人善任，赏罚分明，是开创盛世的主要原因。

励精图治20多年，李隆基因满足而松懈，用人开始不辨良莠。开元二十四年(736年)，正直的宰相张九龄等人先后被罢官，善于揣测人心、阿谀奉承的李林甫登上了相位。此前张九龄曾劝阻玄宗说："宰相系国安危，陛下相林甫，臣恐异日为庙社之忧。"李林甫为相十几年，李隆基听信谗言，杀太子，宠杨贵妃。后杨国忠的权势日大，乱象频起，国家潜伏危机。李隆基没有察觉危机，反而向外发动了一系列的战争。边境安定局面被打破，最终导致了"安史之乱"。唐朝由此转衰。

李隆基是一位功过都很突出的历史人物。《新唐书》："自高祖至于中宗，数十年间，再罹女祸，唐祚既绝而复续，中宗不免其身，韦氏遂以灭族。玄宗亲平其乱，可以鉴矣，而又败以女子。方其励精政事，开元之际，几致太平，何其盛也！及侈心一动，穷天下之欲不足为其乐，而溺其所甚爱，忘其所可戒，至于窜身失国而不悔。考其始终之异，其性习之相远也至于如此！"

李隆基多才多艺，通哲学(道家)，精音律，擅诗文和书法，重视文人和文化建设，创立书院以校书、藏书，设教坊、梨园倡导歌舞表演，被称为"梨园之祖"。因此开元时期成为文化盛世，出现了李白、杜甫等众多千古名家。杜甫诗曰："忆昔开元全盛日，小邑犹藏万家室。稻米流脂粟米白，公私仓廪俱丰实。九州道路无豺虎，远行不劳吉日出。齐纨鲁缟车班班，男耕女桑不相失。……"

李隆基有多篇诗文传世，如《喜雨赋》："……彼有凭而可举，予何抑而未许，恐岁凶之及人，宁天谴于我身。""原夫雨之为德也，无小大之异情，无高卑之不平，无华朽之偏润，无臭薰之隔荣。"可见其亲政初期的政治家情怀。

又如《经鲁祭孔子而叹之》：

夫子何为者，栖栖一代中。地犹鄹氏邑，宅即鲁王宫。

叹凤嗟身否，伤麟怨道穷。今看两楹奠，当与梦时同。

可见其才华横溢。李隆基有大才，兴也其身，衰也其身。盖君主集权社会，个人之力难能持久也。

赵　祯（宋仁宗）

布政施仁赵氏祯，知人善任庆历明。

名臣辈出荣嘉祐，朝野欣欣鼓瑟鸣。

赵祯（1010—1063年），初名赵受益，赐名赵祯。政治家，在位42年，主政33年，开创了“仁宗盛治”。

赵祯乾兴元年（1022年）13岁继帝位，由太后刘娥垂帘听政。明道二年（1033年）太后死，赵祯24岁开始亲政。在位几十年，对下属宽厚以待，让百姓休养生息，使宋朝达到一个发展的顶峰。知人善用，因而在位时期名臣辈出；国家安定太平，经济繁荣，科学技术和文化得到了很大的发展。

赵祯善于纳谏。包拯在担任监察御史和谏官期间，屡屡犯颜直谏，唾沫星子都飞溅到仁宗脸上，但仁宗一面用衣袖擦脸，一面还听其谏说。仁宗的宽厚清明成全了千古流芳的包拯，也成全了当时的一批贤臣。如“求之千百年间，盖不一二见”的范仲淹，领导北宋古文运动的欧阳修等。赵祯任用范仲淹、韩琦、富弼等一批贤臣，推行“庆历新政”改革。新政十大政策：明黜陟、抑侥幸、精贡举、择官长、均公田、厚农桑、修武备、减徭役、覃恩信、重命令等。由于反对势力庞大，难以推动，1年4个月后便宣布中止。但为神宗时的王安石“熙宁变法”起到了先导作用。

“庆历新政”之“精贡举”，即严密科举取士制度。其中改革科举考试内容，把原来进士科只注重诗赋改为重策论，把明经科只要求死背儒家经书的词句改为要求阐述经书的道理，意义重大。宋仁宗庆历四年(1044年)，又更定科举法。因此在仁宗嘉祐二年(1057年)欧阳修为主考官时，一榜录用了一大批贤才，如苏轼、苏辙、曾巩、曾布、张载等，号称“千年科举第一榜”。

仁宗皇帝当政期间，正式发行了纸币——“官交子”(相对于“私交子”而言)。在蜀地民间富商使用“交子”(支票类支付工具)的基础上，设立益州交子务(交子管理机构)，由京官担任监官主持交子发行，并“置抄纸院，以革伪造之弊”，禁止私人发行交子。由此产生了我国最早由政府正式发行的“官交子”——纸质信用货币。比西方国家发行纸币要早六七百年，因此也是世界上发行最早的纸币。

赵祯重视文化、图书、医药，鉴于三馆秘阁藏书多谬乱不全，他诏翰林学士王尧臣、史馆检讨王洙、馆阁校勘欧阳修等人进行编次和整理，于庆历元年(1041年)成《崇文总目》66卷。是北宋一部重要的官修目录。后又下诏征集图书，开购赏科，凡献书者有物资奖赏。对贡献大又合乎条件的给予功名，量才录用，广开献书之路。

仁宗在位时，对边境采取“和戎”之策，与主要边患西夏签订“庆历和议”，两国息兵50余年。

赵祯善诗文、书法、音律，《全宋诗》录其诗13首。录其诗2首如下：

《挽刘沆》

早富经纶业，终成辅弼功。
立朝无党势，为国尽公忠。
此日悲遗直，谁人嗣匪躬。
深嗟亡一鉴，何以慰予衷。

《赐梅挚知杭州》

地有湖山美，东南第一州。
剖符宣政化，持橐辍才流。
暂出论思列，遥分旰昃忧。
循良勤抚俗，来暮听歌讴。

※后人评说

元·脱脱《宋史》评价：(仁宗)在位四十二年之间，吏治若偷惰，而任事蔑残刻之人；刑法似纵弛，而决狱多平允之士。国未尝无弊幸，而不足以累治世之体；朝未尝无小人，而不足以胜善类之气。君臣上下恻怛之心，忠厚之政，有以培壅宋三百余年之基。子孙一矫其所为，驯致于乱。《传》曰："为人君，止于仁。"帝诚无愧焉。

北宋·陈师锡《上徽宗论任贤去邪在于果断疏》：宋兴一百五十余载矣，号称太平，飨国长久，遗民至今思之者，莫如仁宗皇帝。……以致庆历、嘉祐(仁宗的年号)之治为本朝甚盛之时，远过汉唐，几有三代之风。

忽必烈(元世祖)

入主中原行汉俗,出身游牧重农耕。
屯粮计币民生定,雄峙东方国力成。

孛儿只斤·忽必烈(1215—1294年),元世祖,蒙古族,政治家、军事家,元朝的开国皇帝,在位34年。

忽必烈灭南宋、收大理,统一全国,定都大都(今北京城区北部)。重视汉文化,以汉法治国,保留了宋朝的机构和行政官员,注意选用人才。重用汉臣改革政体,首创行省制度(中书省派出机构,初设11个)。对少数民族,因俗而治。重视农耕,开凿大运河,恢复了王安石主张的国家控粮政策,丰年收贮国库,荒年赈济贫民。在北宋发明使用"交子"(支票类)的基础上推行使用"钞"(纸币),使之流通,并作为财政的基础。比较成功地建立了新秩序。广有人民、土地和充足的财货,治愈了1个世纪之久的战争创伤。

忽必烈在大臣建议下,从《易经》中选择了"大元"作为国名。"元"的含义是"乾元——天地万物的起源"或者"原始力",新朝代的名号直接出自汉族传统经典著作。

忽必烈赞同并采纳用传统的中国方式记载元朝历史的建议,得到了儒士的称赞。儒学重视过去,强调利用历史经验指导行为,为这种官方认可的编年史工程提供了依据。忽必烈还建议朝廷在翰林院下建立翰林兼国史院以搜集记录并且撰写辽史和金史。可见其审时度势的见识和开明的态度。

中国历史上，领土最大的时期是元朝。元朝不仅对外关系空前发展，由亚洲推广到欧洲和非洲，而且它的疆域辽阔广大，在我国历史上是空前的。明代宋濂《元史·志第十·地理》首段述："自封建变为郡县，有天下者，汉、隋、唐、宋为盛，然幅员之广，咸不逮元。汉梗于北狄，隋不能服东夷，唐患在西戎，宋患常在西北。若元，则起朔漠，并西域，平西夏，灭女真，臣高丽，定南诏，遂下江南，而天下为一。故其地北逾阴山，西极流沙，东尽辽左，南越海表。盖汉东西九千三百二里，南北一万三千三百六十八里，唐东西九千五百一十一里，南北一万六千九百一十八里，元东南所至不下汉、唐，而西北则过之，有难以里数限者矣。"

东北边大概包括现在的库页岛在内的疆土一直延伸到白令海峡，西北边大概一直延伸到今天的哈萨克斯坦境内的巴尔喀什湖，北邻西伯利亚。版图面积大概 1300 多万平方公里。

忽必烈是一个比较成功的新秩序建立者。主要原因是他重视汉文化，尊重中原文明。他虽来自游牧民族，但十分重视中原农业的恢复和发展。作为一个征服者，给被征服地区的人民带来了浩劫，但他能沿用被征服地区有效的管理，度量弘广，知人善任，能以夏变夷，所以在历史上仍然获得了不错的评价。朱元璋说："世祖皇帝，混一天下，九夷八蛮、海外番国归于一统，百年之间，其恩德孰不思慕，号令孰不畏惧，是时四方无虞，民康物阜。惟神昔自朔土，来主中国，治安之盛，生养之繁，功被人民者矣。"

朱 棣（明成祖）

永乐年间成大典，迁都建制定山河。
恤民强国邻邦贺，一曲唐风汉韵歌。

朱棣（1360—1424 年），朱元璋第四子，生于应天（今南京），政治家，永乐帝，在位 22 年，开创了“永乐盛世”。谥号“文皇帝”，后庙号“成祖”。

朱棣 10 岁，受封燕王。后，朱元璋安排朱棣回到凤阳老家生活数年，以了解民情。朱元璋认为自己能南北征战，不避艰险，就得益于少年阶段的贫苦经历，并以此教育儿子。

洪武十三年（1380 年），朱棣 21 岁就藩燕京北平，之后多次受命参与北方军事活动，两次率师北征，曾招降蒙古乃儿不花，并曾生擒北元大将索林帖木儿。经过多场战争，朱棣在北方军队中建立了威望。朱元璋晚年，长子太子朱标、次子秦王朱樉、三子晋王朱棡先后去世，故朱元璋四子朱棣不仅在军事实力上，而且在家族尊序上都成了诸王之首。

朱元璋死，长孙朱允炆于建文元年（1399 年）即位（建文帝）后，即行削藩之策。朱棣同母弟周、代、岷、湘、齐诸王先后被削夺，废为庶人。朱棣于当年起兵反抗，随后挥师南下，史称“靖难之役”。燕王朱棣兵广势大，攻下南京后，于建元四年（1402 年）即皇帝位，将建文四年改为洪武三十五年，以示继承明太祖。即位后立即诛杀建文帝时的朝臣齐泰、黄子澄等50 余人，并灭九族。

朱棣在位期间创建内阁,完善中央集权官吏制度,设东厂,加强监察。收复安南,五征漠北,招抚女真,平定天下,迁都北京。皇位较巩固时,又继续实行削藩。

治国重农恤民。修水利,疏浚大运河、会通河、吴淞,开凿清江浦等。在中原各地鼓励垦种荒闲田土,实行迁民宽乡、督民耕作等方法以促进生产。并注意蠲免、赈济等措施,防止农民破产,保证了赋役征派。大力发展和完善军事屯田制度和盐商开中则例,保证军粮和边饷的供给。永乐时"赋入盈羡",达到有明一代的盛世。

对外派郑和下西洋,联络交流,出现了各国争相来朝的盛况。当时与明朝建立外交关系的国家多至近百个。

文化方面,大规模组织编写《永乐大典》。参加者万人之众,文人荟萃于京华,收入 14 世纪前的中华历史典籍,汇编成大典。全书 22937 卷,约 3.7 亿字,汇集了古今图书七八千种,成为世界上最大的百科全书。

朱棣征战显能,对国家治理有方,成一代盛世,是称"成祖"。然不当杀戮亦多,行有瑕疵。

※后人评说

清·张廷玉《明史·成祖本纪》:文皇少长习兵,据幽燕形胜之地,乘建文孱弱,长驱内向,奄有四海。即位以后,躬行节俭,水旱朝告夕振,无有壅蔽。知人善任,表里洞达,雄武之略,同符高祖。六师屡出,漠北尘清。至其季年,威德遐被,四方宾服,明命而入贡者殆三十国。幅员之广,远迈汉唐!成功骏烈,卓乎盛矣。然而革除之际,倒行逆施,惭德亦曷可掩哉!

清·万斯同《明史稿》:帝刚果善断,能决大谋。用兵常以少击众,开阖如神。身先士卒所向克捷。知人善任,使士有一艺辄录用,弗遗与臣下语。表里洞达,无识芥之嫌,不侈祯祥。每谨灾变水旱饥馑赈恤如弗及。以故六军数出,工役繁兴与而民不至困敝。在位二十二年,励精勤政,威德远被。穷荒绝域,受朝命修职数十国,其建司置卫,设官世守者以千百计,有明功烈于斯为盛矣。

朱祐樘(明孝宗)

不计前嫌厚道心,高堂共奏伏羲琴。

新臣老将同忧乐,弘治年间地产金。

朱祐樘(1470—1505年),政治家,明孝宗,年号弘治。在位17年,开创了“弘治中兴”。

朱祐樘是明朝第九位皇帝,明宪宗朱见深第三子 。朱佑樘童年非常坎坷不幸。生母纪氏是广西纪姓土司的女儿,纪姓叛乱平息后,少女纪氏被俘入宫中,一次被宪宗偶尔发现留宿了一夜,纪氏怀孕。宠冠后宫的万贵妃知道后,下令将纪氏贬居冷宫。朱佑樘生于冷宫,因宫中善良人相助而长到6岁。又因宪宗无子,而得立为皇太子。

朱佑樘童年饱受艰辛委屈,18岁继位(明孝宗)后,宽厚仁慈,不计前嫌,爱护群臣,君臣关系融洽。孝宗勤于政事,不仅早朝每天必到,而且重开了午朝,使得大臣有更多的机会协助皇帝办理政务。同时,又重开了经筵侍讲,向群臣咨询治国之道;孝宗还开辟了文华殿议政,其作用是在早朝与午朝之余,与内阁共同切磋治国之道,商议政事。大开言路,重用贤良,以政绩考官,努力扭转了朝政腐败状况。重视司法,修《会典》,立制度,禁止宗室、勋戚奏请田土及受人投献,禁止侵夺民利,社会秩序好转。同时兴修水利,发展生产,轻徭薄赋,弘治朝成为明朝历史上经济繁荣,人民安居乐业的和平时期，史称“弘治中兴”。

孝宗躬行节俭，不近声色，不纳宫女，不封贵妃、美人，一生只伴张皇后，过着平常百姓一样的夫妻生活。朱佑樘的人品在历代皇帝中出类拔萃，以宽厚之心赢得人心，赢得成功。一生一妻，亘古未有。人称“既是好皇帝，也是好丈夫”。

由于幼年生活的坎坷，孝宗一直身弱多病。继位后，过大的工作强度拖垮了身体。弘治十八年（1505 年），朱祐樘病逝，年仅三十六岁。

朱祐樘喜诗书、绘画。兹录其诗一首：

《静中吟》

习静调元养此身，此身无恙即天真。

周家八百延光祚，社稷安危在得人。

※后人评说

清·张廷玉《明史》：孝宗独能恭俭有制，勤政爱民，兢兢于保泰持盈之道，用使朝序清宁，民物康阜。《易》曰：“无平不陂，无往不复，艰贞无咎。”知此道者，其惟孝宗乎！

明·李维桢《国榷》：体貌大臣，开广言路，节用爱人，休息乎无为。近者歌讴而乐之，远者竭蹶而趋之。德泽上昭天，下漏泉。至于今父老称弘治之盛，虽汉文、宋仁，何以加焉！

玄　烨（康熙帝）

少年心事壮年行，外患内忧齐荡平。
数次巡查求实境，康乾盛世著先声。

爱新觉罗·玄烨（1654—1722 年），满族，政治家、军事家，清圣祖，年号康熙，14 岁亲政，在位 61 年（亲政 53 年）。奠定了清朝兴盛的根基，才有了“康乾盛世”的赞誉。

玄烨 8 岁时，因父亲福临（顺治帝）去世而即位。10 岁时母亲死，少年不幸。因朝中大臣鳌拜掌权，心中常有委屈感，欲亲临政事施展志向而不得。至 16 岁时，在其祖母、政治家太皇太后孝庄文皇后的帮助下，智擒了顾命大臣鳌拜，夺回朝廷大权，开始了亲政。

军事上，统一台湾，开府设县；平定三藩及准噶尔叛乱，对沙俄的战争取得胜利，捍卫了东北边疆安宁；创立“多伦会盟”联络蒙古各部；以条约确保政府在黑龙江的领土控制；管理西藏，建立了多民族和平共处的大国。

政治上，笼络汉族士人，追谥前朝忠良之臣。崇尚儒学，设立南书房，任用汉臣为咨询。加强中央集权，整顿吏治，恢复了京察（考察京官）、大计（考核地方官）等考核制度。经济上，注意休养生息，发展经济，停止圈地，放宽垦荒地的免税年限。废除匠籍制，工匠为自由民，匠银计入田亩。晚期地丁合一,滋生人丁,不加赋。

为防止被臣下蒙蔽,康熙经常亲自出京巡视,了解民情吏治,其中有6次南巡,6次东巡,1次西巡,以及数百次巡查京畿和蒙古。曾亲自巡视黄河河道,督察河工,并整修永定河河道。

康熙对宗教持宽容态度,藏传佛教、基督教、道教可自由传播。并重视西学,天文、数学、西医等。但晚年倦怠,外对当时世界上先进科学认识不足,故步自封。国内文字狱兴起,此风在清代延续数朝,禁锢了思想、文化、科学之发展。

康熙诗文有功底。

《谒大禹庙》

古庙青山下,登临晓霭中。
梅梁存旧迹,金简纪神功。
九载随刊力,千年统绪崇。
兹来荐蘩藻,瞻对率群工。

《登澄海楼观海》

朱栏画栋最高楼,海色天容万象收。
海底鱼龙应变化,天中云雨每蒸浮。
无波不具全潮势,此日真成广汉游。
仙客钓鳌非我意,凭轩惟是羡安流。

姬　旦(名臣)

摄政成王礼乐兴，族亲王道立规绳。

人伦构就人间理，点亮儒门首盏灯。

姬旦(生卒年不详)，周文王第四子，因采邑在周(今陕西)，称周公。谥号为文，又称为周文公。周武王之弟，亦称叔旦。后封国在鲁(今山东)。是西周初杰出的政治家、思想家、军事家。

周武王死后，姬旦摄政，辅助武王之子，即年幼的成王。平定“三监”之乱(其兄弟管叔、蔡叔等人勾结商纣儿子武庚以及东方夷族反叛)，将国家势力扩展至东海。将商代贵族迁于洛邑(洛阳)，并迁都于此，称“东都”。接着封邦建国，先后建置71个封国，王室兄弟和功臣为诸侯分别镇守。在封国内普遍推行井田制，将土地统一规划，巩固周王朝的经济基础。姬旦摄政7年，政局安定后，姬旦将权力还与成王。

姬旦为了巩固周朝政权，“制礼作乐”，制定和推行了一套维护君臣宗法和上下等级的典章制度，即君臣、父子、兄弟、亲疏、尊卑、贵贱的礼仪制度。主要有“畿服制”“爵谥制”“法制”“乐制”“嫡长子继承制”等，完善了宗法制度、分封制度、井田制。在殷商时，君位的继承多半是兄终弟及，传位不定。周公确立的嫡长子继承制，即以血缘为纽带，规定周天子的王位由长子继承。同时把其他庶子分封为诸侯、卿大夫。这些制度的最大特色是以宗法血缘为纽带，把家族和国家融合在一起，把政治和伦理融合在一起，这一制度的形成对中国封建社会产生了极大的影响，为周朝800年的统治打下了基础。

周公言论见于《尚书》诸篇，如《金縢》《无逸》等。周公思想对后来儒家的形成起了奠基性的作用，被儒家尊为圣人。孔子一生极力推崇周公。此外，周公对易经创作也有贡献。

周公摄政7年的功绩被《尚书·大传》概括为："一年救乱，二年克殷，三年践奄，四年建侯卫，五年营成周，六年制礼乐，七年致政成王。"

周公主持制定的《周礼》，亦称《周官》，是中国最早的国家管理制度，对后人影响很大。

周公制定的《酒诰》，是我国最早的禁酒令。

周公曾提出"敬德保民"，一生勤于政事，礼贤下士，留下"周公吐哺"的美誉，被后人称为"政者风范"。

※后世纪念

周公庙位于岐山县城西北凤凰山南麓，唐武德元年(618年)修建。占地面积900亩，庙内古树参天、殿堂成群，除了周公正殿外，还有召公、太公等周人先祖及功臣勋将的配殿。河南洛阳、山东曲阜也有周公的纪念庙宇。

※后人评说

夏佑曾《中国古代史》：孔子之前，黄帝之后，于中国大有关系者，周公一人而已。

管　仲（名相）

桓公不计往时仇，是得夷吾大志酬。

石破天惊通食货，葵丘盛会合诸侯。

管仲（？—前645年），名夷吾，字仲；颍上（今安徽阜阳市颍水之滨）人，周穆王的后代。春秋时期齐国著名政治家、军事家、教育家，齐国之相。被誉为“法家先驱”“圣人之师”“华夏第一相”。

管仲和鲍叔牙原为朋友，合伙做过生意，后分别辅佐齐公子姜纠、姜小白。管仲为给姜纠争王位，欲射死姜小白，一箭射到姜小白铜制衣带钩上，姜小白侥幸未死。姜小白（齐桓公）即位后，鲍叔牙极力推荐管仲为相（管鲍之交），齐桓公因此不计前嫌，任管仲为相并尊之为“仲父”。

管仲为相后，推行了一系列政治、经济、教育、军事、外交制度，均行之有效。如设置行政区域管理，重农耕，均地分力，谋山海之利，首开技能培训，玉石铁盐渔俱为用等，使得国力大增。他还辅佐桓公九合诸侯，尊王攘夷，强齐图霸。

管仲精通食货（国家财政）之道，尤其善于把握时机开财路，如将普通石块制成石璧等礼品朝拜周天子。因先得到了周天子认可，于是各诸侯国均来购买。

《管子》,是管仲及其学派的思想著作,书中留下许多经典理念。如:“不务天时则财不生,不务地利则仓廪不盈。”“积于不涸之仓者,务五谷也;藏于不竭之府者,养桑麻育六畜也。”“利之所在,虽千仞之山,无所不上;深源之下,无所不入焉。”“天下不患无财,患无人以分之。”“均地分力,使民知时也;民乃知时日之蚤晏,日月之不足,饥寒之至于身也。”“仓廪实则知礼节,衣食足则知荣辱。”“政之所兴,在顺民心,政之所废,在逆民心。”“法者,所以兴功惧暴也;律者,所以定分止争也;令者,所以令人知事也。”“疑今者察之古,不知来者视之往。”“圣人若天然,无私覆;若地然,无私载也。”“起居时,饮食节,寒暑适,则身利而寿命益。”

《管子》以黄老道家著作最多,其次法家著作16篇,其余各家杂之。《汉书·艺文志》将其列入子部道家类,《隋书·经籍志》列入法家类。《管子》实际内容极丰,含道、儒、墨、名、法、兵、阴阳等家的思想以及天文、舆地、经济和农业等方面的知识,其中《轻重》(今存16篇)等篇,是古代典籍中不多见的经济文萃,对生产、分配、交易、消费、财政、货币等均有论述,是研究我国先秦农业和经济的珍贵资料。

《管子》一书兼有道、法、墨、儒等家的思想理念,以求王道、霸道相得。既提出以法治国的具体方案,又重视道德教育的基础作用;既强调以君主为核心的政治体制,又主张以人为本,促进农工商业的均衡发展;既有雄奇的霸道之策,又坚持正义的王道理想;既避免了法家忽视道德人心的倾向,又补充了儒家实际政治经验的不足,在古代思想史上具有重要地位。

管仲的改革创新思想,对后世变法者如李悝、商鞅等影响极大。

※后世纪念

管仲葬于山东淄博市临淄牛山。临淄区建有管仲纪念馆。

吴　起（名将）

武略文韬一世功，论兵谁可与争锋。
先强魏鲁扬优势，后治楚天楚称雄。

吴起（？—前381年），卫国左氏（今山东省定陶区）人，战国初期军事家、政治家、改革家，兵家代表人物。著有《吴子兵法》。

吴起少年好学，先儒后兵，青年求官，散尽家财。为图谋大事、立大功，母丧也不回家。鲁齐为敌时，欲尽力鲁国，为避嫌疑，杀妻（妻是齐国人），领兵败齐。鲁国不用而之魏国，改革军事制度，建立“武卒制”，大败秦国，开以少胜多典范。在魏国受猜忌，奔楚国，楚悼王任为令尹（最高职位），变法强楚，向南扩展了疆域，同赵国一起打败魏国。因改革而得罪楚国贵族，在楚悼王死后被楚国贵族杀害。

吴起继承和发展了《孙子兵法》的思想，著有《吴子》，是先秦时期重要的军事著作，后人合称“孙吴兵法”。《吴子》现存《图国》《料敌》《治兵》《论将》《应变》《励士》六篇。吴起将政治与军事结合，主张内修文德，外治武备。重视政治教化，用道、义、礼、仁治理军队和民众。《吴子·图国》：与诸侯大战76，全胜64，余则均解。辟土四面，拓地千里，皆起之功也。

经典名言有：“用兵之害，犹豫为大；三军之灾，生于狐疑。”“凡战之要，必先占其将而察其才，因形用权，则不劳而功举。”“夫总文武者，军之将也。

兼刚柔者,兵之事也。凡人论将,常观于勇,勇之于将,乃数分之一尔。”“凡兵有四机:一曰气机,二曰地机,三曰事机,四曰力机。”

吴起胸有大志,身怀绝世之才,世代受人景仰。然而为求功名,不顾母亲和妻子等事,后人也有微言。

※后人评说

汉·曹操《举贤勿拘品行令》:吴起贪将,杀妻自信,散金求官,母死不归,然在魏,秦人不敢东向,在楚,则三晋不敢南谋。

东晋·葛洪《抱朴子》:孙吴韩白(孙武、吴起、韩信、白起),用兵之圣也。

唐·张说《举陈光乘等表》:光乘积学而善谋,求之古人,吴起、韩信敌也。

唐朝开元十九年(731 年),唐玄宗为表彰并祭祀历代名将,设置武庙,祭祀 10 人,中有吴起。庙宇以周朝开国太师、军师吕尚(即姜子牙)为主祭,以汉朝留侯张良为配享,以历代名将从之。

※后世纪念

唐肃宗上元元年(760 年)尊太公望为武成王,祭典与孔子相同。武庙的主神是太公望,以张良为副祀。包含张良在内的历代名将 10 人坐像分坐左右。左列:秦武安君白起、汉淮阴侯韩信、蜀汉丞相诸葛亮、唐尚书右仆射卫国公李靖、司空英国公李勣。右列:汉太子少傅张良、齐大司马田穰苴、吴将军孙武、魏西河郡守吴起、燕昌国君乐毅。

吴起县,位于陕西省延安市西北部,相传吴起曾在此驻兵戍边,为纪念吴起而命名。县境内建有吴起广场,广场中心树立有吴起雕像。

起台镇,位于河南省商丘市柘城县境内。相传吴起率兵东征讨伐齐国,曾在此地安营扎寨,筑起高台点将练兵。后人为纪念吴起在此筑寺祭祀,名为“起台寺”,起台镇由此得名。

魏无忌（名臣）

招贤纳士聚嘉宾，解困临危两破秦。
名重一时遭反间，良能受屈魏蒙尘。

魏无忌（？—前 243 年），即信陵君，战国时魏国公子，上将军，军事家、政治家。与楚国春申君黄歇、齐国孟尝君田文、赵国平原君赵胜并称为“战国四公子”。

魏无忌的哥哥魏圉继承魏国王位，即魏安釐王。翌年，安釐王封魏无忌于信陵（今河南省宁陵县），因被称为信陵君。魏无忌处于魏国走向衰落之时，故效仿孟尝君田文、平原君赵胜的辅政方法，延揽食客。因其为人仁爱宽厚，礼贤下士，士人争相归附。最高峰时门下曾有三千食客，名震天下，诸侯 10 余年不敢谋魏。

魏无忌结交朋友不分阶层，不论贵贱，听说看门人侯嬴有见识，即亲自拜访，礼为上宾。侯嬴推荐说屠夫朱亥是贤士，魏无忌就多次去拜访。这两人后来在“窃符救赵”时立了大功。

赵国都城邯郸被秦兵围攻时，魏安釐王命大将晋鄙率军救赵。但魏王由于惧怕秦军报复，又下令晋鄙停止进军。魏无忌听从侯嬴之计，让曾经受恩于己的魏王身边的如姬盗取兵符，前往晋鄙军中要求代领兵马。晋鄙心存怀疑，不肯交出兵权，魏无忌门客朱亥以铁锤击杀晋鄙。魏无忌领兵击退秦兵，解救了赵国。赵王召开盛大宴会为魏无忌庆功，并准备将五座城邑封赏给魏无忌。魏无忌门客及时提醒他不可受领。于是魏无忌在宴会上称说自己有罪，对不起魏国。后魏王谅解了魏无忌。

魏无忌居赵国10余年后，秦国派蒙骜领兵攻打魏国。魏无忌迟疑是否回魏国。魏无忌在赵国结识的毛公和薛公两位贤士劝魏无忌必须回去。回国后魏王任命魏无忌为上将军，统领兵马。魏无忌派使者向各诸侯国求援，各国纷纷派兵救援。魏无忌率领五个诸侯国的联军在黄河以南大败秦军，并乘胜攻至函谷关。这次合纵败秦，使魏无忌的声威震动了天下。

魏安釐王三十年（前247年）秦国为除去魏无忌，使用反间计。魏无忌因此遭到魏安釐王猜忌，未再被委以重任，从此消沉下来，耽于酒色，4年后郁郁而终。18年后，魏国为秦所灭。

魏无忌著有《魏公子兵法》。在合纵攻秦胜利后，诸侯都向魏进献兵法。魏无忌将其编写成书，后世称为《魏公子兵法》。《汉书·艺文志》有《魏公子》（《魏公子兵法》）二十一篇、图十卷，今佚。

※后人评说

西晋·左思《三都赋》：贵非吾尊，重士逾山。亲临御门，嗛嗛同轩。搦秦起赵，威振八蕃。则信陵之名，若兰芬也。

唐·李白《博平郑太守自庐山千里相寻入江夏北市门见访却之武陵立马赠别》：大梁贵公子，气盖苍梧云。若无三千客，谁道信陵君？救赵复存魏，英威天下闻。

宋·徐钧《信陵君》：侯朱决计全危赵，毛薛谋归保大梁。得士信知明效速，去留果是国存亡。

明·王世贞（引自《史记评林》）：三公之好士也，以自张也；信陵君之好士也，以存魏也。

※后世纪念

大梁（开封）原有信陵君祠。汉高祖每次路经大梁，均会去祭祀。汉高祖为帝后，安排5户人家，看守信陵君陵墓，令其世世代代享有祭祀。

吕不韦(名相)

奋力一生成就奇,从商理政各堪诗。
尤思总览前贤典,以解君王难决疑。

吕不韦(前292—前235年),姜姓,吕氏,名不韦,卫国濮阳(今河南省安阳市滑县)人。战国末年著名商人、政治家。秦国宰相。主持编纂了《吕氏春秋》。

吕不韦传为姜子牙23世孙,善于谋略。早年经商于阳翟(今河南禹州),往来各国经营,至大富,资产千金。至赵国都市河北邯郸遇见秦国质子异人,认为奇货可居,由只谋商转为同时谋政。

吕不韦花费巨资,游说秦赵,使异人得以回秦国,改名子楚,被太子宠爱的华阳夫人收为子。秦昭王去世,太子安国君继位为王,华阳夫人为王后,立子楚为太子。子楚夫人赵姬同儿子政回秦。安国君继位不久就去世了,子楚继位,任吕不韦为相,封文信侯,食邑洛阳十万户,奴仆万人。庄襄王即位三年之后去世,太子政(嬴政)继立为王,尊吕不韦为相邦,称为"仲父"。秦王年纪还小,吕不韦主政。至秦王长大,亲自主政,迁吕不韦至蜀地。

吕不韦任相时,为指导秦王兼并六国,一统天下,广招天下文人学士,编成《吕氏春秋》(含八览、六论、十二纪,共26卷,160篇,20多万字)。该书以道家为宗，取各家之长而弃其短，成一家之言。为了精益求精，吕不韦公布书中内容征求众人意见——“一字千金”。至此，吕不韦在商界、政界、文化界均有成就。

《吕氏春秋》有名言：

欲胜人者必先自胜，欲论人者必先自论，欲知人者必先自知。

得十良马，不若得一伯乐；得十良剑，不若得一欧冶；得地千里，不若得一圣人。

察己可以知人，察今可以知古。

平出于公，公出于道。

能执无为，故能使众为也。

大匠不斫，大庖不豆，大勇不斗，大兵不寇。

吕不韦是个经营的天才。视人质为奇货，不避风险，一步步走向目标。非百倍信心，千般计谋，万分周密不可成。虽有亏德行，然世上再无此人。

※后人评说

北宋·张载《吕不韦春秋》：秦市金悬鲁史修，措辞当日两难求。书传果在西迁后，锥口诸儒未必休。

南宋·刘克庄《吕不韦》：豫建无长虑，旁窥有贩心。绝嬴由吕相，继马乃牛金。

明·王世贞《读书后》：自古至今以术取富贵、秉权势者，无如吕不韦之秽且卑，然亦无有如不韦之巧者也。凡不韦之所筹策，皆凿空至难期，而其应若响。彼固自天幸，亦其术有以摄之。

李　斯（名相）

理政行文一代强，秦廷业绩正煌煌。

缘何忤逆先皇意，转瞬之间家国伤。

李斯（？—前 208 年），李氏，名斯，字通古。战国末期楚国上蔡（今河南省驻马店市上蔡县）人。秦代政治家（法家）、文学家和书法家。协助秦始皇统一天下；极力主张实行郡县制、废除分封制。

李斯早年为郡小吏，后师从荀子学习“帝王之术”。学成入秦为官，劝说秦王嬴政灭诸侯、成帝业。秦王纳其计谋，遣谋士持金玉游说关东六国，离间各国君臣，此举在秦灭六国事业中发挥重大作用。秦王政十年（前 237 年），李斯上《谏逐客书》，阻止驱逐六国客卿，被迁为廷尉。秦统一天下后，联合王绾、冯劫议定尊秦王政为皇帝，并制定礼仪制度，被拜为丞相。反对分封制度，坚持郡县制；建议拆除郡县城墙，销毁民间的兵器；主张焚烧民间收藏的统一前的各诸侯国书籍，禁止私自学习这些书籍，以加强思想统治；参与制定法律，统一车轨、文字、度量衡制度。这一系列政治措施，对中国乃至世界产生了深远的影响，奠定了中国两千多年封建专制的基本格局。

秦始皇死，李斯与内官赵高伪造遗诏，迫令公子扶苏自杀，拥立胡亥为二世皇帝。赵高掌权，指鹿为马，大秦衰弱。李斯被害，夷三族。

李斯制作小篆为官方文字。秦始皇巡行，命李斯刻石记功，计有《邹峄山刻石》《泰山刻石》《碣邪台刻石》《芝罘刻石》《东观刻石》《碣石刻石》《会稽刻石》等7通，为后人学书之范。

李斯散文现传4篇，均为上皇帝书，篇篇有识见。《谏逐客书》，上秦始皇；《论督责书》《言赵高书》《狱中上书》，上秦二世。其中《狱中上书》自言7宗罪，实是言功，其乞求赦免之词也不同常人。若刘勰之论，惜未生在文世。

李斯相秦王（秦始皇）时，不乏远见卓识，奈何始皇帝一死即惑于小人，在国家存亡危急关头却失去理智，至国衰而身死。或许，其妒忌才华高于自己的同门韩非，在秦王面前进谗言，致韩非被害时，就已经显出其后来不幸之端倪。或许他的抉择缘于“仓鼠哲学”；或许其本质上就是个文士，擅谋略而少决断。

※后人评说

南北朝·刘勰《文心雕龙》：战代任武，而文士不绝。诸子以道术取资，屈、宋以《楚辞》发采。乐毅报书辨以义，范雎上书密而至，苏秦历说壮而中，李斯自奏丽而动。若在文世，则扬、班俦矣。

明·李贽《史记评要》：秦始皇出世，李斯相之，天崩地坼，掀翻一个世界。

明·归有光《栎全轩记》：李斯用秦，机、云入洛，一时呼吸风雷，华曜日月，天下奔走而慕艳。事移时易，求牵黄犬出上蔡东门，听华亭之鹤唳，岂可得哉？

萧　何(名相)

狱吏当初未见奇，关中镇抚显能为。
功居首位何须辩，更有成规后任随。

萧何(？—前 193 年)，沛郡丰邑(今江苏省徐州市丰县)人，汉初政治家、宰相，西汉开国功臣。

萧何早年任秦沛县县吏，秦末拥戴刘邦起义。义军攻克咸阳后，萧何接收了秦丞相、御史府所藏的律令、图书，掌握了全国的山川险要、郡县户口，对日后制定政策和法规积累了资料。楚汉战争时，萧何留守关中，使关中成为汉军的稳固后方，不断地输送士卒粮饷支援作战，对刘邦战胜项羽，起了关键作用。后又辅助刘邦剪灭异姓王，灭英布，诛韩信，平叛乱。萧何对汉代的建立和巩固位居首功。刘邦死，辅佐汉惠帝，去世，谥号“文终侯”。

萧何采摭秦六法(源于战国时魏国李悝的《法经》，即《盗律》《贼律》《囚律》《捕律》《杂律》《具律》六法)，增加了《户律》《兴律》《厩律》——关于户口、赋役、兴造、畜产、仓库等项，作成《九章律》，后任沿用。这部承上启下的《九章律》(汉律九章)对后世影响深远。汉法在定罪、刑罚方面比秦法宽，后至文景时约法省禁，蠲削烦苛，刑罚开始变得人性化。

萧何，是古代循吏的典范。

刘邦将萧何与张良、韩信并称："夫运筹帷帐之中，决胜于千里之外，吾不如子房；镇国家，抚百姓，给馈饷，不绝粮道，吾不如萧何；连百万之军，战必胜，攻必取，吾不如韩信。此三者，皆人杰也，吾能用之，此吾所以取天下也。"

※后人评说

西汉·司马迁《史记·萧相国世家》：萧相国何于秦时为刀笔吏，录录未有奇节。及汉兴，依日月之末光，何谨守管籥，因民之疾秦法，顺流与之更始。淮阴、黥布等皆以诛灭，而何之勋烂焉。位冠群臣，声施后世，与闳夭、散宜生（二人为周文王之友）等争烈矣。

唐·司马贞《史记索隐》：萧何为吏，文而无害。及佐兴王，举宗从沛。关中既守，转输是赖。汉军屡疲，秦兵必会。约法可久，收图可大。指兽发踪，其功实最。政称画一，居乃非泰。继绝宠勤，式旌砺带。

韩　信（名将）

韩信将兵多益善，楚河汉界关键棋。
江山一统硝烟息，鸟尽弓藏演绎时。

韩信（？—前 196 年），淮阴（今江苏省淮安市淮阴区）人，军事家，与萧何、张良并列为“汉初三杰”，与彭越、英布并称为“汉初三大名将”。

韩信早年家贫，常从人寄食。秦末参加反秦斗争投奔项梁、项羽，未得重用。经萧何向刘邦保举，任大将军。刘邦依其计举兵东向，占取关中为据。后平定魏国，战败代、赵，又北上降燕。汉四年（前 203 年），拜为相国（将相一身），率兵击齐，攻下临淄，在潍水全歼龙且率领援齐的 20 万楚军，立为齐王。次年 10 月，与刘邦会师垓下，围歼楚军，迫使项羽自刎。

汉朝建立，被解除兵权，徙为楚王，又被人告发谋反贬为淮阴侯。最后被吕后与相国萧何合谋，斩于钟室，被夷三族。

韩信是个用兵奇才，娴熟兵法而使用时灵活多变，每战必胜。率军出陈仓、定三秦、擒魏、破代、灭赵、降燕、伐齐，直至垓下全歼楚军，无一败绩，天下莫敢与之相争。他曾对刘邦曰“臣将兵多多而益善”。刘邦赞其“战必胜，攻必取”，萧何誉为“国士无双”，后人奉为“兵仙”“战神”。

韩信与张良一起收集了先秦以来的兵书，共 182 家，是中国历史上第一次大规模的兵书整理，为中国军事学术研究奠定了雄厚的基础。同时还收集、补订了军中律法，著有兵法3篇（已佚）。传说象棋是其拘禁中所创。

韩信善于谋战，却不知谋生，不能如萧何之自污名节、张良之功成身退而自保，后人赋诗多感叹。

※后人评说

唐·刘禹锡《韩信庙》：将略兵机命世雄，苍黄钟室叹良弓。遂令后代登坛者，每一寻思怕立功。

唐·李绅《却过淮阴吊韩信庙》：功高自弃汉元臣，遗庙阴森楚水滨。英主任贤增虎翼，假王徼福犯龙鳞。贱能忍耻卑狂少，贵乏怀忠近佞人。徒用千金酬一饭，不知明哲重防身。

明·袁崇焕《韩淮阴侯庙》：一饭君知报，高风振俗耳。如何解报恩，祸为受恩始。丈夫亦何为，功成身可死。陵谷有变易，遑问赤松子。所贵清白心，背面早熟揣。若听蒯通言，身名已为累。一死成君名，不必怨吕雉。

清·包彬《淮阴侯庙》：鸟尽良弓势必藏，千秋青史费评章。区区一饭犹图报，争肯为臣负汉王。

苏　武（名臣）

漠北风霜十九年，食毡饮雪伴羊眠。

最难孤寂思乡苦，守节终无愧汉天。

苏武（前140—前60年），字子卿，杜陵（今陕西省西安市西南）人，西汉大臣。

苏武是代郡太守苏建之子，因父荫封为郎。受汉武帝命出使匈奴，被拘。因拒绝单于许诺的高官厚禄，苏武被关进露天的大地穴，断供食品和水，时值严冬，饱受折磨。渴饮雪，饿食羊毡，仍然不屈服于匈奴。后来被流放到了人迹罕至的贝加尔湖边牧羊，一去19年，苏武每天手持代表汉朝的使节，盼望回归。年年月月，使节上挂着的牦牛尾都掉光了，苏武的头发和胡须也都变花白了。期间虽然经历了母病故、妻改嫁、两个弟弟死等事情，苏武归国的信念始终不改。后来，下令囚禁他的匈奴单于死了，派遣苏武的汉武帝也去世了，匈奴与汉朝和好。汉昭帝派使臣把苏武接回。苏武后来被封为典属国、关内侯等。苏武去世后，汉宣帝将其列为麒麟阁十一功臣之一，彰显其节操。

苏武留居匈奴多年，拒绝富贵，饱受风霜，持节终不降。其爱国守节的精神，受到后人的敬仰，被编为歌、剧、故事，广为传扬。

※后人评说

唐·李白《苏武》:苏武在匈奴,十年持汉节。白雁上林飞,空传一书札。牧羊边地苦,落日归心绝。渴饮月窟冰,饥餐天上雪。东还沙塞远,北怆河梁别。泣把李陵衣,相看泪成血。

唐·温庭筠《苏武庙》:苏武魂销汉使前,古祠高树两茫然。云边雁断胡天月,陇上羊归塞草烟。回日楼台非甲帐,去时冠剑是丁年。茂陵不见封侯印,空向秋波哭逝川。

南宋·文天祥《题苏武忠节图三首之二》:独伴羝羊海上游,相逢血泪向天流。忠贞已向生前定,老节须从死后休。不死未论生可喜,虽生何恨死堪忧。甘心卖国人何处,曾识苏公义胆不。

马 援（名将）

男儿立志守边关，至老曾无一刻闲。

马革裹尸归葬日，几人对此不羞颜。

马援（前 14—49 年），字文渊，扶风郡茂陵县（今陕西省兴平市东北）人，军事家，东汉开国功臣。官至伏波将军，封新息侯，世称“马伏波”。

马援少年丧父，一生自立，“穷当益坚，老当益壮”，品格高尚，谋事有方。种田放牧时，多有良法，所获财产颇丰，而把所得分给兄弟朋友，自己过着衣食清简的生活。从军后，以“堆米为山”分析军事形势，鼓励刘秀西征，并取得胜利。为刘秀统一天下立下了赫赫战功，被任为陇西太守。任太守期间，管理有法，恩威并施，使得陇西兵戈渐稀，和平安定。马援不图自己安逸，每逢边境有乱，必请缨安边，西破陇羌，南征交趾（今越南），北击乌桓。一平岭南时，修整越律，纠正了越律与汉律矛盾处，以约束当地。二平岭南时，马援已 62 岁高龄，仍请命前往，选择险道，不避瘴疠，殉职于征途，践行了“马革裹尸”之愿。

马援因《诫兄子严敦书》而得罪人，受人诬陷，尸体运归，几经曲折方得以安葬。有人评马援一生奇，“建勋生前，蒙谤身后；以轻财始，以诬赃终”，结局也奇。马援无任何依傍，晋升高位，全靠自己公忠为国，拼杀疆场。居于高位，也不结党谋私利，堪称一代良将。马援老当益壮、马革裹尸的英勇气概，永远受到后人的敬仰。

马援能诗文。《全后汉文》有其《诫兄子严敦书》《上铜马式表》《铜马相法》《上疏言隗嚣》等数十篇文。诗存《武溪深行》，马援南征交趾时作。马援又善相马，《铜马相法》即其相马之作。

后人建有伏波庙、伏波祠等纪念马援。

唐建中三年（782 年），礼仪使颜真卿向唐德宗建议，追封古代名将 64 人，并为之设庙享奠，其中就包括“伏波将军新息侯马援”。

※后人评说

唐·刘禹锡《经伏波神祠》：蒙蒙篁竹下，有路上壶头。汉垒麏鼯斗，蛮溪雾雨愁。怀人敬遗像，阅世指东流。自负霸王略，安知恩泽侯。乡园辞石柱，筋力尽炎洲。一以功名累，翻思马少游。

元·陈元靓：南征交趾，西破羌戎。于谁之德，伏波之功。老当益壮，心存匪躬。天长地久，人仰英风。

明·唐愈贤《马伏波祠》：千古英雄绝可怜，云台无用说蝉联。苍藤古木撑晴日，断牖残楹锁暮烟。万里音书严画虎，满天风雪堕飞鸢。而今矍铄翁何在，独立秋坛一惘然。

※后世纪念

马援祠遗址，位于陕西省咸阳市杨陵区五泉镇毕公村。祠中有很多马氏后裔缅怀先祖所立下的石碑，中国杨凌马援故里海内外联谊总会也设立在这里。祠里供奉着马援、马融、马超三位著名历史人物。祠内，立着一块马援故里碑，为康熙三十六年（1697 年）所立功德碑。碑文记述了马融、马援、马超的生平概况。至今海外马姓族人仍把马援祠当成宗族祭拜圣地，海外华人多次前来祭祖，马援祠已经成为杨陵和海外华人联系的一个纽带。

班　超（名臣）

投笔从戎屡建功，讨平西域丝路通。

书生不做宫中史，志在边陲万里风。

班超（32—102 年），字仲升，扶风郡安陵县（今陕西省咸阳市东北）人。东汉时期著名军事家、外交家，出使西域，为西域回归、促进民族融合做出了巨大贡献。

班超出身史学家庭，父班彪、兄班固、妹班昭都是文史学家。班超受家庭环境影响，阅读典籍多，有见识。随母入京城，抄写文书度日，曾被任为兰台令史，掌管奏章和文书。因不满足于为官府抄写文书，投笔从戎，屡建奇功。出使西域，在鄯善（今新疆罗布泊西南）以 36 骑乘夜晚击杀匈奴使者团，斩使者首级——“不入虎穴，焉得虎子”，令鄯善慑服于汉。再次出使西域，率旧部几十人，以大智大勇，降服于阗、疏勒。两次出使，令鄯善、于阗、疏勒三个王国摆脱了匈奴制约，恢复了与汉朝的友好关系。后 20 余年，班超在西域历经艰险，先后平定多次反叛，终令西域 50 多个王国归顺于汉，西域得以平静，丝绸之路得以通畅。

班超任将兵长史期间，曾受诬告，被皇上召回，因当时形势不允许，没有回去。永元三年（91 年）任为西域都护；永元七年（95 年）被封为定远侯；永元九年(97 年)班超派甘英出使大秦(罗马帝国),至西海(波斯湾)而还。永元十二年(100 年),班超 69 岁,上书乞回,得妹妹班昭帮助,永元十四年(102 年)回洛阳,封射声校尉。

班超在西域 30 多年,西域诸国得以安定,其功绩实非常人能及。其后未过几年,西域复生乱事。

※后人评说

东汉·班昭《为兄超求代疏》:超以一身,转侧绝域,晓譬诸国,因其兵众,每有攻战,辄为先登,身被金夷,不避死亡。

明·冯梦龙:必如班定远,方是满腹皆兵,浑身是胆。赵子龙(赵云)、姜伯约(姜维)不足道也。

明末·王夫之《读通鉴论》:班超之于西域,戏焉耳矣;以三十六人横行诸国,取其君,欲杀则杀,欲擒则擒,古今未有奇智神勇而能此者。

关　羽（名将）

忠义云长屡受封，初因孟德爱英雄。

金袍宝马难移志，报与华容险道通。

关羽（？—220年），本字长生，后改字云长，河东郡解县（今山西省运城市）人，东汉末年名将，以忠义著称。

关羽在家乡杀人，被通缉，逃到涿郡（河北），正逢刘备组织力量对抗黄巾军，与刘备、张飞结为兄弟，跟随刘备辗转各地。后被曹操擒获，拜为偏将军，赐金袍宝马（赤兔）。在斩杀袁绍大将颜良、文丑解白马围后，曹操表奏朝廷封关羽为“汉寿亭侯”。关羽深感曹操厚爱，但始终不忘与刘备之间的兄弟之情，誓以共死，决不负初。终于“过五关斩六将”回归刘备，可见其忠。关羽之勇：斩颜良，战襄樊，擒于禁，杀庞德，镇守荆州，威震华夏。关羽之义，尤其表现在华容道上，为了报答曹操昔日知遇之恩，甘冒杀头之罪放走曹操。

关羽缺点也很明显，骄而不慎，大意失荆州，身死后蜀汉衰落。而其忠义形象在后世逐渐拔高，由侯而王，王而帝，帝而圣。羽被誉为“武圣”，与“文圣”孔子相应。而关羽是唯一一个在儒、释、道三教都深受尊敬的人：唐代被佛家封为伽蓝神，宋代被道家奉为护法神。历代君王需要忠义之臣，民间组织、工商企业等也尊重忠义，因而关羽广受祭祀。全国有庙宇100余处。名联如：

※后世纪念

关林，关羽首级葬处，位于河南省洛阳市洛龙区关林镇，前庙后墓，殿宇廓庑百余间，占地180亩，是与山东曲阜“孔林”并肩而立的两大圣域。

儒称圣，释称佛，道称天尊，三教尽皈依，式詹庙貌长新，无人不肃然起敬；
汉封侯，宋封王，明封大帝，历朝加尊号，矧是神功卓著，真所谓荡乎难名。

夫子孰能当，孺妇知名，继文宣于千秋以后；
精忠庸有几，馨香终古，惟武穆可一龛而居。

古来不乏英雄，能称圣贤者，亦罕矣；
世上许多朋友，有如兄弟者，其谁乎？

※后人评说

明·罗贯中《三国演义》：汉末才无敌，云长独出群。神威能奋武，儒雅更知文。天日心如镜，《春秋》义薄云，昭然垂千古，不止冠三分。

李　靖（名将）

征战沙场气概殊，奇谋勇决若孙吴。
江山赖此拿云志，四境相邻尽坦途。

李靖（571—649 年），字药师，雍州三原（今陕西省三原县北部）人。隋末唐初军事家。曾任兵部尚书，拜尚书右仆射，封卫国公，世称“李卫公”。

李靖出生于官宦之家，祖父李崇义曾任殷州刺史，封永康公；父李诠，官赵郡太守。受家庭的熏陶，李靖从小文才武略过人，有大志。曾对父亲说：若遇明主，必建功立业。其舅父韩擒虎是隋朝名将，每与其谈论兵事，无不拍手称绝，说“可与之讨论孙、吴之术”。李靖在隋朝时官职卑微，但才干却闻名于隋。

李渊太原起兵，李靖化装为囚徒入长安，欲报告隋炀帝，却被李渊俘获，当斩。李靖壮志未酬，临刑时，大声疾呼：“公起义兵，本为天下除暴乱，不欲就大事，而以私怨斩壮士乎？”李渊欣赏他的才识和胆气，免其罪，被李世民召入幕府。李靖入李唐后，果然展示了卓越的军事才华，随李世民平王世充、窦建德，率军南平萧铣、辅公祏，北灭东突厥，西破吐谷浑，令唐疆域得以平静，为唐王朝的建立和发展立下赫赫战功，被列入唐朝二十四功臣之一，画像陈列于凌烟阁，去世后谥曰“景武”，陪葬昭陵。唐肃宗把李靖列为历史上十大名将之一，并配享于武成王(姜太公)庙。

李靖一生，指挥过几次重大战役，均取得成功。在军事实践中总结经验，写成了《六军镜》《阴符机》等数种兵书(今多亡佚)。后人编辑了《唐太宗李卫公问对》，在北宋时期列入《武经七书》，是古代兵学的代表著作。

※后世纪念

李靖故居：卫国公李靖的府第，位于陕西咸阳市三原县城北5公里的东里堡村，兼具中国古代园林“南秀北雄”之特点。

狄仁杰（名臣）

有史传言断案神，明查细察究原真。

冤情得雪民心定，正义通行政界春。

狄仁杰（630—700 年），字怀英，并州太原（今山西省太原市）人，唐代武周时期政治家，两度为相。

狄仁杰由明经科入仕，为人正直，疾恶如仇，尊忠直孝廉为大义。历地方官吏多年，阅世明察。每任一地，关注民生，政绩卓著。任朝官时，以公正为准则。任大理寺丞一职，一上任即将积案全部审理，计 1.7 万件左右，无一人喊冤，有断案如神之说。清代有小说《狄公案》传世。

狄仁杰身居宰相位后，辅国安邦，对武则天弊政多有匡正，为政局和社会稳定，为武周时期上承贞观之治，下启开元盛世做出了卓越的贡献。后阻止武则天立武氏为太子，力劝其立李氏，并培植举荐忠于李唐的势力，成为李唐社稷得以延续的重要支柱。死，追赠文昌右相，谥号文惠。后追赠司空、梁国公，累赠太师，配享中宗庙廷。

狄仁杰著有文集 10 卷，《家范》1 卷。《全唐诗》《全唐文》等文集收录有其诗词、奏疏、文告等。

《奉和圣制夏日游石淙山》

宸晖降望金舆转，仙路峥嵘碧涧幽。
羽仗遥临鸾鹤驾，帷宫直坐凤麟洲。
飞泉洒液恒疑雨，密树含凉镇似秋。
老臣预陪悬圃宴，余年方共赤松游。

狄仁杰一生高风亮节，深得后人赞许。

※后人评说

唐·高适《咏狄梁公》：梁公乃贞固，勋烈垂竹帛。昌言太后朝，潜运储君策。待贤开相府，共理登方伯。至今青云人，犹是门下客。

唐·张祜《读狄梁公传》：失运庐陵厄，乘时武后尊。五丁扶造化，一柱正乾坤。上保储皇位，深然国老勋。圣朝虽百代，长合问王孙。

上官婉儿（名臣）

巾帼庙堂三十年，从容策对日成篇。

书藏万卷兴文馆，山水盛唐诗领先。

上官婉儿(664—710年)，复姓上官，小字婉儿，又称上官昭容。陕州陕县(今河南省三门峡市陕州区)人，祖籍陇西上邽，唐代女官、诗人、皇妃。

上官婉儿出生官宦之家。祖父上官仪(唐高宗宰相)，因替高宗起草废武则天的诏书，被武则天所杀，父亲上官庭芝一起被杀。时上官婉儿刚出生，与母亲郑氏同被配入掖廷(内庭)为奴。此间在母亲教养下，她能诗擅文，明达史事。14岁时被武则天重用，掌管宫中制诰多年。唐中宗时，封为昭容(妃嫔)，权势更盛，以皇妃的身份掌管内廷与外朝的政令文告，人称"巾帼宰相"。张说称其："敏识聆听，探微镜理；开卷海纳，宛若前闻；摇笔云飞，成同宿构。古者有女史记功书过，复有女尚书决事言阀，昭容(上官婉儿)两朝兼美，一日万机，顾问不遗，应接如意，虽汉称班媛，晋誉左嫔，文章之道不殊，辅佐之功则异。庚戌元年(710年)，临淄王李隆基起兵政变，上官婉儿与韦后同时被杀。

上官婉儿在文化发展上做出的贡献主要有：设立修文馆，增设学士，广召当朝词学之臣，收集整理修撰图籍；经常开展文化活动，与学士写诗、赛诗，对优秀文人提拔奖掖，一时词臣多集其门，引领了文风；诗的形式方面，主持点评，与诸学士争务华藻，沈佺期、采之问应制之作多经婉儿评定，当时以此相慕，遂成风俗，故于律诗之成颇有功劳；诗风方面，上官婉儿突破了以往咏物写景的宫廷模式，重视寓情于景，呈现自然山水趣味，在开拓唐代园林山水诗的题材方面有所贡献。《全唐诗》收其诗 32 首。

《游长宁公主流杯池二十五首之十六》

泉石多仙趣，岩壑写奇形。
欲知堪悦耳，唯听水泠泠。

《游长宁公主流杯池二十五首之二十四》

参差碧岫耸莲花，潺湲绿水莹金沙。
何须远访三山路，人今已到九仙家。

《驾幸三会寺应制》

释子谈经处，轩臣刻字留。
故台遗老识，残简圣皇求。
驻跸怀千古，开襟望九州。
四山缘塞合，二水夹城流。
宸翰陪瞻仰，天杯接献酬。
太平词藻盛，长愿纪鸿休。

张九龄（名相）

为政为文见识真，预知安史乱边尘。
经冬橘树经冬绿，通达岭南第一人。

张九龄(678—740年)，一名博物，字子寿，韶州曲江(今广东省韶关市)人，唐朝政治家、名相、诗人。世称"张曲江"，谥"文献"，又称"文献公"。

张九龄，汉留侯张良之后，出生于仕宦家庭。少年勤奋好学，见识过人，能诗善文。玄宗于东宫举文学士，张九龄名列前茅。入仕后以忠正闻名，秉公守则，直言敢谏。玄宗生日，群臣送礼，张九龄独送《千秋金鉴录》做贺仪，劝皇帝居安思危，励精图治。张九龄在朝坚持操守，不徇私枉法，不趋炎附势，敢与恶势力做斗争。他曾坚拒武惠妃的贿赂，粉碎了其危及太子的阴谋；还曾拒绝安禄山接近，在其违军纪时，表奏皇上说："安禄山狼子野心，有谋反之相，罪行当杀，以绝后患。"

张九龄在唐朝全盛时期，能看出种种隐伏的社会危机，提出以"王道"替代"霸道"的施政纲领：重视保民育人，反对穷兵黩武；主张省刑罚，薄征徭，扶持农桑；坚持革新吏治，选贤择能，以德才兼备之士为地方官吏。这些政治措施缓解了社会矛盾，对巩固中央集权、维护"开元盛世"起了重要的作用。被后世誉为"开元之世清贞任宰相"的三杰之一。

张九龄回家闲居时，上奏朝廷开凿大庾岭，亲到现场踏勘、指挥，修成梅关古道(全长十几公里,路宽近 17 米,两旁植松树)。此举令南北交通大为改观,被后人誉为“古代的京广线”。

张九龄因多次规劝玄宗，反对玄宗任用奸佞的李林甫、庸懦的牛仙客为相,以至屡忤玄宗意,终致罢相。张九龄去世,李隆基十分伤感,曰:“正大厦者柱石之力,昌帝业者辅相之臣。”“维岳降神,济川作相,开元之际,寅亮成功。谠言定其社稷,先觉合于蓍策。”追赠张九龄“司徒”称号,遣使就韶州致祭。

张九龄的诗造诣极高,许多诗歌表现了在穷达进退中的高洁操守,表现了其人格理想:不愿为追求功业而屈己媚世。功名事业和人生自由,也正是盛唐诗的两条主要轨迹。

在艺术表现上,张九龄的诗歌以兴寄为主,显得委婉蕴藉,诗风清淡,语言素练质朴,对扫除唐初所沿袭的六朝绮靡之风,追溯汉魏风骨,打开盛唐局面贡献尤大。著有《曲江集》20 卷,被誉为“岭南第一人”。王维、杜甫等都作有颂美他的诗篇。

《唐诗三百首》收录张九龄《感遇》诗 4 首。

《感遇十二首之七》

江南有丹橘,经冬犹绿林。
岂伊地气暖,自有岁寒心。
可以荐嘉客,奈何阻重深。
运命惟所遇,循环不可寻。
徒言树桃李,此木岂无阴?

《望月怀远》

海上生明月,天涯共此时。
情人怨遥夜,竟夕起相思。
灭烛怜光满,披衣觉露滋。
不堪盈手赠,还寝梦佳期。

司马光（名臣）

仕途失势修通鉴，卿本温文尔雅人。

史海撷英资治政，求新创举赖诤臣。

司马光（1019—1086 年），字君实，号迂叟。陕州夏县（今山西省定城市夏县）涑水乡人，世称“涑水先生”。北宋政治家、史学家、文学家。官至尚书左仆射兼门下侍郎、龙图阁直学士。追赠太师、温国公，谥号“文正”。配享宋哲宗庙廷，图形昭勋阁；从祀于孔庙，称“先儒司马子”。

司马光出生时，父亲任河南光山县令，故名之光。司马光从小习儒，刻苦勤奋，“日力不足，继之以夜”。7 岁时“砸缸救友”显露聪慧。20 岁进士及第，历仕仁宗、英宗、神宗、哲宗四朝。

司马光独崇儒学，温良谦恭，忠孝信义，谨守祖训。宋神宗时，王安石任参知政事，主持变法（熙宁变法）。司马光与王安石政见相左，王主张开源，司马主张节流。因反对变法，与时势不合，力请离京，改西京御史台。居洛阳 15 年，主持编纂了中国历史上第一部编年体通史《资治通鉴》。

《资治通鉴》是中国最大的一部编年史。全书共 294 卷，上起战国初期韩、赵、魏三家分晋（前 403 年），下迄五代（后梁、后唐、后晋、后汉、后周）末年赵匡胤灭后周（959 年），计 1362 年，依时代先后，以年月为经，以史实为纬，顺序记写。对于重大历史事件的前因后果，均叙述清楚，褒贬去取，有所据依。宋神宗对此书十分重视，以此书“有鉴于往事，以资于治道”，赐书名《资治通鉴》，亲为写序，并将书的每编首尾都盖上了皇帝的睿思殿图章。还给司马光予重赏，重新启用入朝。

司马光入相后努力废除新法，打击变法派。保甲法、方田均税法、市易法、保马法等被废，经变法而积聚起来的钱财在几年中耗尽。对西夏，恢复了熙宁以前的妥协政策，把已收复的安疆、葭芦、浮图、米脂四寨让给西夏，以求边境安宁。

司马光妻未生育，也不纳妾。一生生活简朴，唯爱读书，著述颇多，除编纂了《资治通鉴》，还有《通鉴举要历》80卷、《稽古录》20卷、《本朝百官公卿表》6卷。此外，在文学、经学、哲学乃至医学方面都进行过钻研和著述，主要有《翰林诗草》《注古文学经》《易说》《注太玄经》《注扬子》《书仪》《游山行记》《续诗治》《医问》《涑水纪闻》《类篇》等。

司马光留下诗1200多首，诗风清新质朴。

《和邵尧夫安乐窝中职事吟》

灵台无事日休休，安乐由来不外求。
细雨寒风宜独坐，暖天佳景即闲游。
松篁亦足开青眼，桃李何妨插白头。
我以著书为职业，为君偷暇上高楼。

《客中初夏》

四月清和雨乍晴，南山当户转分明。
更无柳絮因风起，惟有葵花向日倾。

张养浩(名臣)

百岁拳拳百姓心,拼将碧血作甘霖。

欲闲乡野难如愿,一曲潼关绝世吟。

张养浩(1270—1329年),字希孟,号云庄,山东济南人,张九龄弟弟张九皋后裔。元代政治家、著名散曲家。历任翰林学士、礼部尚书、参议中书省事等,追封滨国公,谥“文忠”。后人尊称为“张文忠公”。

张养浩生于济南历城县一富裕人家,少年能文,以文才入仕。17岁作《过舜祠》诗:“太古淳风叫不还,荒祠每过为愁颜。苍生有感歌谣外,黄屋无心揖让间。一井尚存当日水,九嶷空忆旧时山。能令子孝师千古,瞽叟元来不是顽。”由此诗可见张养浩的见识不凡。19岁作《白云楼赋》,人们争相传抄,山东按察使焦遂读到文章大为赞赏,破例推荐为东平(今山东省泰山市东平县)学正。朝中大臣不忽木读了张养浩的文章,先荐为礼部令史,后推举入御史台。

张养浩不仅擅文,亦善治理,任堂邑(今山东省聊城市西北)县尹时,“省己”“劝农”“戒贪”“惩恶”,深受百姓爱戴。在监察御史任,上“万言书”,直陈时政“十害”,包括赏赐太多、刑禁太疏、名爵太轻、台纲太弱、土木太盛等,因“言皆切直”,为“当国者不能容”,被免官,贬为平民。后仁宗爱其才,召出仕。任礼部侍郎时,推动恢复科举,两次主持考试,选拔人才。

张养浩不恋官场，在参议中书省事任上，以奉养老父为由辞官回乡，闲居8年，朝廷7召不出。至元明宗天历二年（1329年）正月，陕西大旱，方受命为陕西行台中丞，救灾陕西。4个月中，张养浩一直住在官府，日夜操劳。晚上祈雨，白天济民。打击奸商污吏，劝导富人售粮，并拿出自己的钱救济穷困。终因劳累过度卒于任上。消息传开，“关中之人，哀之如失父母”。

张养浩的《为政忠告》又名《三事忠告》，是其从政的总结，表现其为政理念。《牧民忠告》《风宪忠告》《庙堂忠告》，是分别对地方官员、监察官员、中央官员的真诚劝告，其中有不少切中事理之名言。

张养浩散曲《云庄乐府》，共收录作品150多首。作品表现的思想内涵丰富：有勤政爱民、兼善天下的人道精神；有全身远害、寄傲林泉的避世思想；有观照历史、针砭现实的批判意识。这些作品从不同的侧面体现了其美善兼具的人格情操和拯物济世的高尚襟怀。

张养浩是元散曲豪放派的代表作家。其代表作《山坡羊·潼关怀古》气势恢弘，感情沉郁，寓意深远。张养浩的诗文，晚年编定为《归田类稿》40卷，今存24卷，收录于《四库全书》中。

张养浩留恋闲居乡野，想要过安稳日子，辞官时作《普天乐·辞参议还》：“昨日尚书，今朝参议。荣华休恋，归去来兮。远是非，绝名利，盖座团茅松阴内。更稳似新筑沙堤。有青山劝酒，白云伴睡，明月催诗。”然终以民事为重，晚年赴任灾区。

其作于陕西救灾时的《山坡羊·潼关怀古》，表现了一位政治家关切百姓的拳拳之心。全文如下：

峰峦如聚，波涛如怒，山河表里潼关路。望西都，意踌躇。伤心秦汉经行处，宫阙万间都做了土。兴，百姓苦；亡，百姓苦。

另有怀古曲《山坡羊·骊山怀古》：

骊山四顾，阿房一炬，当时奢侈今何处？只见草萧疏，水萦纡。至今遗恨迷烟树。列国周齐秦汉楚，赢，都变做了土；输，都变做了土。

※后人评说

元·苏天爵《七聘堂记》：执法牧民为贤令，入馆阁则曰名流，司台谏则称骨鲠，历省台则号能臣，是诚一代之伟人欤！

元·李士瞻《题济国张文忠公云庄卷后》：济国文忠公张先生，禀天地正大之气，学圣贤正大之学，蕴之而为道义，发之而为文章，推之而为政事功业，无一而非正大之寓也。

刘　基(名臣)

深通地理与天时,解惑除疑更有谁。

料得千年成败事,难求耕读后园葵。

刘基(1311—1375年),字伯温,处州青田县南田乡(今属浙江省温州市文成县)人,故称刘青田。元末明初军事家、政治家、文学家。明朝开国元勋,封诚意伯,后追赠太师,谥号“文成”,后人称之“文成公”。

刘基天资过人,12岁中秀才,乡间父老称为“神童”。23岁赴元朝京城大都(今北京)参加会试,中进士。元末兵荒马乱,战火连连,刘伯温在家闲居3年。后授为江西高安县丞(正八品),在任不避强权,发奸擿伏,受到地方豪绅排挤,因而辞官。此后又几次被启用,几次辞官,期间曾在丹徒(今江苏省镇江市丹徒区)教书数年。

至正二十年(1360年),刘基被朱元璋请至应天(今南京)为谋臣,佐朱元璋先后消灭陈友谅、张士诚等地方势力,又定灭元方略,使朱元璋一统天下。刘基参与军机8年,精通天文、地理、兵法等,以神机妙算,运筹帷幄著称。朱元璋称刘基为“吾之子房也”,民间流传“三分天下诸葛亮,一统江山刘伯温”的说法。

天下初定,刘基为太史令,献上《戊申大统历》。明朝建立后,刘基制定《大明律》,整肃纲纪,令御史检举弹劾,一经查证,依法惩治,毫无私情,对民众则重教化；并建议实行卫所制度，加强了皇帝对军队的控制，对于巩固中央集权起到了重要作用。

刘基以儒、道、法互补，融合百家的治理理念符合时势，有益于明初社会的稳定发展。

朱元璋高度评价刘基："学贯天人，资兼文武；其气刚正，其才宏博。议论之顷，驰骋乎千古；扰攘之际，控御乎一方。慷慨见予，首陈远略；经邦纲目，用兵后先。卿能言之，朕能审而用之，式克至于今日。凡所建明，悉有成效。"

刘基文学的思想是经世致用，重视诗文的时代风格，以诗文议政，力主讽喻，为明初新一代文风振起起了开道作用，为晚明讽刺小品的勃兴也起了先导作用。其寓言文学内容博大精深，涉及政治、经济、军事、哲学、伦理、道德诸方面。著《诚意伯文集》20 卷，收有赋、骚、诗、词 1600 余首，寓言、散文等文章 230 余篇。多篇经典被收入教材，众口流传。

绝句

人生无百岁，百岁复如何。古来英雄士，各已归山河。

《题太公钓渭图》

璇室群酣夜，璜溪独钓时。浮云看富贵，流水淡须眉。

偶应非熊兆，尊为帝者师。轩裳如固有，千载起人思。

《忧怀》

伤离惊岁晏，引望起愁端。落日烟中小，孤云雪外寒。

浮生无限恨，垂老异乡看。掩泪观梅蕊，中心分外酸。

《感怀二首之一》

新晴杨柳散春丝，长路行人有所思。愁上容颜青镜识，寒生亭馆落花知。

高云送雨来无定，独鸟惊风去自迟。闷对亭前紫荆树，同根那得却相离？

张居正(名相)

肃整朝纲万历年,因民立本写新篇。

通时识变谋家国,不作身谋乃大贤。

张居正(1525—1582 年),字叔大,号太岳,幼名张白圭,湖北江陵人(今湖北省荆州市),又称“张江陵”。明朝中后期政治家、改革家。官至首辅,开创了“万历新政”。

张居正出生于秀才之家,12 岁中秀才,16 岁中举人,23 岁中进士。张居正入选庶吉士,从徐阶学经邦济世,以《论时政疏》指出社会弊病,阐述政治改革主张。休假 3 年发现田赋不均,贫民失业,民苦于兼并,立志“愿以深心奉尘刹,不予自身求利益”。重返政坛,进入内阁。时明王朝内乱外患,流民四散,草泽祸起,国家帑藏空虚,用度匮乏;外北方鞑靼进兵中原,南方土司争权夺利,发生叛乱,东南倭寇骚扰沿海,民不聊生。

张九龄任首辅后,为改变现状,在政治制度、国防、经济、教育诸方面实施了一系列改革。立“考成法”,“尊主权,课吏职,信赏罚,一号令”以整肃吏治。考核官员工作实绩,提高了效率。行“清丈田亩”,增加了田赋收入,改善财政。推行“一条鞭法”——中国田赋制度史上继唐代“两税法”之后的又一次重大改革,简化了赋役的项目和征收手续,使赋役合一,徭役公平而无不均。达到田不荒芜,人不逃窜,钱粮不拖欠。财税也因此大增,“太仓粟可支十年，周寺积金，至四百余万”。

张居正还改变传统的“重农轻商”观念，实行农商并重，提出“省征发，以厚农而资商；轻关市，以厚商而利农”的主张。制止随意增加商税，侵犯商人利益，顺应了经济发展。这些以民为本的措施在一定程度上减轻了百姓的负担，缓和了一触即发的阶级矛盾，对历史的发展起了积极的推动作用。对外，北方以封王策略和蒙古；西南开设茶马互市；以良将戚继光、李成梁等守边；长城建“敌台”3000多座。

张居正主政10年，日夜操劳，劳瘁而死。神宗为之辍朝，赠上柱国，谥“文忠”。不久因举荐官员出事，神宗追索，张居正被抄家，削尽宫秩，迫夺生前所赐，家属或饿死或流放。后，天启皇帝为张居正复官复荫。

张居正是隋唐以后最为成功的一个改革家。起衰振隳、力挽狂澜，化解了危机，延长了国祚。

后人认为张居正以施政的成绩而论，不仅是明朝的唯一一个大政治家，也是汉朝以来所少有的。熊十力评价说：“汉以后二千余年人物，真有公诚之心，刚大之气，而其前识远见，灼然于国覆种奴之祸，已深伏于举世昏偷，苟安无事之日。毅然以一身担当天下安危，任劳任怨，不疑不布，卒能扶危定倾，克成本原者，余考之前史，江陵一人而已。”海瑞称张居正“工于谋国，拙于谋身”。

《张太岳集》由张居正儿子整理编纂。有诗6卷、文14卷、书牍15卷、奏疏11卷，加《行实》1卷，总47卷。文集思想丰富，包含了当时主要的学术潮流——法、兵、儒、道、佛等。内容涉及社会政治、经济、教育等方面。另有《书经直解》《帝鉴图说》是为万历皇帝学习所编。文集中《驭人经》属于管理学著作，全书分为“驭吏”“驭才”“驭士”“驭忠”“驭奸”“驭智”“驭愚”“驭心”等8卷。

《驭人经》名言

吏不治，上无德也。吏不驭，上无术也。

才不侍昏主,庸不从贤者。

驭才自明，驭庸自谦；举之勿遗，用之勿苛；待之勿薄，罚之勿轻。

敬士则和，礼士则友，蔑士则乱，辱士则敌。

士贵己贵，士贱己贱矣。

忠者直也，不驭则窘焉;忠者烈也，不驭则困焉。

君子不计恶,小人不虑果。

不忌其失，惟记其功，智不负德者焉。

不知其心,不驭其人也。

不惜名，莫嫌仇，不吝财，人皆堪驭也。

张居正诗境壮阔,如:

《舟泊汉江望黄鹤楼》

枫林霜叶净江烟,锦石游鱼清可怜。

贾客帆樯云里见,仙人楼阁镜中悬。

九秋槎影横清汉,一笛梅花落远天。

无限沧洲渔父意,夜深高咏独鸣舷。

戚继光（名将）

闽南蓟北马匆匆，四十年间抗寇凶。
锐器精兵惊敌胆，威名激荡国人风。

戚继光（1528—1588 年），字元敬，号南塘，山东蓬莱人（一说生于山东济宁）。明朝抗倭名将，军事家、诗人。

戚继光出生于一个世袭军官之家，以祖荫入伍为军官，至登州卫指挥佥事、蓟州总兵。在东南沿海抗击倭寇 20 余年，扫平了多年为害沿海的倭患，确保了沿海人民的生命财产安全；后又在北方抗击蒙古部族内犯 10 余年，保卫了北部疆域的安全，促进了蒙汉民族的和平发展。

戚继光是一位杰出的兵器专家和军事工程家，改造、发明了多种火攻武器；建造的大小战船、战车，使明军水上装备优于敌人；并富有创造性地在长城上修建空心敌台，进可攻，退可守，是极具特色的军事工程。

戚继光初建“戚家军”，是在金华、义乌等地招募的 3000 农民工，亲自训练而成。根据浙闽沿海多山陵沼泽，又道路崎岖，大部队兵力不易展开，而倭寇善于设伏好短兵相接的特点，创造了“鸳鸯阵”，以 12 人为 1 个作战基本单位，持长短兵器互相配合，可随地形和战斗需要而不断变化，实战中可以对倭寇进行毁灭性的打击。

戚继光镇守蓟门时期，根据北方游牧民族擅长骑兵作战的特点，建立了车营来克制骑兵。每 4 人推 1 辆战车，战车里放置拒马器和火器。戚继光一军军士节制精明，器械犀利，使得蓟门军成为当时边境第一军。其增筑改建的金山岭长城，布局严谨、可攻可守。经专家鉴定，金山岭长城是我国万里长城的精华之所在。障墙、文字砖、挡马石被誉为金山岭长城的“三绝”。

戚继光军事著作《纪效新书》18 卷、《练兵实纪》14 卷等是著名兵书；另有诗文《横槊稿》3 卷，《愚愚稿》2 卷，编入《止止堂集》。当时享有“伟负文武，才如公者，一时鲜有其俪”的赞誉。《四库全书总目提要》称赞戚继光的诗“格律颇壮”“近燕赵之音”。王士祯将其列为古今名将能诗的十一人之一。

《马上行》

南北驱驰报主情，江花边月笑平生。
一年三百六十日，多是横戈马上行。

《望阙台》

十载驱驰海色寒，孤臣于此望宸銮。
繁霜尽是心头血，洒向千峰秋叶丹。

《登盘山绝顶》

霜角一声草木哀，云头对起石门开。
朔风虏酒不成醉，落叶归鸦无数来。
但使玄戈销杀气，未妨白发老边才。
勒名峰上吾谁与？故李将军舞剑台。

※后人评说

《明神宗实录》：血战歼倭，勋垂闽浙，壮猷御虏，望著幽燕。

清·郑观应《盛世危言》：古之为将者，经文纬武，谋勇双全；能得人，能知人，能爱人，能制人；省天时之机，察地理之要，顺人和之情，详安危之势。凡古今之得失治乱，阵法之变化周密，兵家之虚实奇正，器械之精粗巧拙，无不洞识。如春秋时之孙武、李牧，汉之韩信、马援、班超、诸葛亮，唐之李靖、郭子仪、李光弼，宋之宗泽、岳飞，明之戚继光，俞大猷等诸名将，无不通书史，晓兵法，知地利，精器械，与今之泰西各国讲求将才看无异。

秦良玉（女将）

白杆三千护大明，沧桑历尽见精英。

夫冤子丧同胞失，川蜀独遗不屈兵。

秦良玉（1574—1648年），字贞素，四川忠州（今重庆市忠县）人，明末女将。

秦良玉的父亲是明末贡生，好读书，尤长于兵法，常教育子女说：“天下将有事矣，尔曹能执干戈以为社稷者，方称为吾子也。”因此秦良玉从小就练武习文，且胆智过人。秦良玉善于治兵，其训练出一支善于山地作战的军队号“白杆兵”，远近闻名。

秦良玉的丈夫马千乘是汉伏波将军马援后人，世袭石砫（今重庆市石柱土家族自治县）宣慰使（俗称土司）。夫妇曾领兵击败遵义乱兵杨应龙，功居第一而不报。嘉靖四十一年（1613年），马千乘被太监诬告致死，因其子马祥麟年幼，秦良玉于是代领夫职。秦良玉率领兄弟秦邦屏、秦民屏先后参加抗击清军及平奢崇明之乱、张献忠之乱等战役，战功显赫。

天启元年（1621年），秦良玉部奉命北上抗清。秦邦屏、秦民屏随总兵童仲揆渡浑河，与清军血战，秦邦屏战死沙场，只有秦民屏突围而出。秦良玉于是亲率3000白杆军前往，镇守榆关（今河北省秦皇岛市山海关）。明熹宗下诏给秦良玉加二品官服。封秦良玉儿子马祥麟为指挥使。

同年9月，秦良玉回乡征兵，恰逢永宁（今四川叙永县）宣抚使奢崇明在重庆造反。秦良玉率领秦民屏及秦邦屏的儿子秦翼明、秦拱明逆流西上，攻取新都，直奔成都，将奢崇明击败。朝廷于是授命秦良玉为都督佥事、充都督同知总兵，秦民屏为副总兵，秦翼明、秦拱明为参将。授官后，秦良玉又收复红崖墩、观音寺、青山墩等贼军重要据点。天启二年（1622年）秦崇明兵败自杀。

天启四年（1624年），秦民屏随巡抚王三善率军在陆广作战失败，王三善逃走。秦民屏坚持破贼，屡战屡胜。后遭到贼兵偷袭，奋战而死。秦民屏两个儿子秦佐明、秦祚明突围而出。秦良玉上书请求抚恤，朝廷于是追赠秦民屏为都督同知，并立祠祭祀，将其两个儿子封为参将。

崇祯三年（1630年），清军大举进攻，永平4城失守，皇太极进围京都。秦良玉率秦翼明奉诏勤王，并拿出家中的资产充作军饷。皇帝朱由检特意下诏表扬，并于平台召见秦良玉，赏赐秦良玉钱币、牲畜、酒水等，并赋诗4首表彰秦良玉的功劳。皇太极退兵后，秦良玉率兵回乡。

崇祯七年（1634年），张献忠攻陷川东重镇夔州（今重庆市奉节县），秦良玉率军赶到，张献忠不战而走。秦良玉率军追击，与正在回川的儿子马祥麟前后夹击，打败张献忠，使之退走湖广。崇祯十三年（1640年），张献忠联合罗汝才再次造反，罗汝才率兵攻打夔州。秦良玉率军前往，罗汝才不战而走。秦良玉紧追不舍，大败罗汝才。同年10月，杨嗣昌自请为督师入川剿贼时，所倚重的将领只有张令和秦良玉。由于没有采纳秦良玉争山夺险、积极防守的策略，张献忠先后在观音岩、三黄岭大破官军，随后渡过长江。秦良玉与张令急率军阻击，挫败了贼军的前锋。但不久张令战死，秦良玉前去援救没有成功，辗转作战，均告失败，部下的3万人几乎全部战死。

崇祯十七年（1644年），张献忠攻陷四川，于成都称帝后派人招降四川各土司，秦良玉不肯投降，作《固守石砫檄文》。张献忠之前与秦良玉多次交战，均被击败，虽然现在势大，却不敢靠近秦良玉守卫的石砫。逃难百姓多去石砫以寻求保生。

秦良玉一家，除丈夫被诬陷致死外，其兄弟、儿子、儿媳、侄儿等先后战死。明朝灭亡后，南明王朝追谥秦良玉为“忠贞侯”。

历朝历代修史，女性名人都是被记载到《列女传》里，而秦良玉是历史上唯一一个作为王朝名将被单独立传，记载到正史将相列传里的巾帼英雄。

崇祯帝御制诗4首：

其一

学就西川八阵图，鸳鸯袖里握兵符。

由来巾帼甘心受，何必将军是丈夫。

郑成功（名将）

忠心日月大明身，浴血东南十五春。

驱逐外夷收宝岛，艰难极处见孤臣。

郑成功（1624—1662年），本名森，又名福松，字俨、大木。福建泉州南安（今福建省南安市）人，祖籍河南固始，明末清初军事家，抗清名将。驱逐荷兰殖民者，收复台湾的民族英雄。永历帝封其为延平王。

郑芝龙是郑成功的父亲，他的第二个妻子田川氏生郑成功于日本。郑芝龙原是一位东南的海上大商人，受大明朝廷招安任官后，郑成功被接回泉州府南安县。郑成功15岁考中秀才，后入国子监读书，很有见识。大明弘光朝被灭后，郑芝龙、郑鸿逵兄弟于福州拥戴唐王朱聿键称帝，于当年7月改元"隆武"，郑成功得隆武帝赏识，赐国姓，改"森"名为"成功"，封忠孝伯，任御营中军都督，统领禁军。郑芝龙时任总兵，降清。郑成功劝阻父亲不成，带部分兵将出走金门，于东南沿海招兵买马，收集父亲旧部，以"忠孝伯招讨大将军罪臣国姓"之名誓师反清，成为南明后期主要军事力量之一。十几年中郑成功战斗不止，曾收复南安、泉州，一度由海路北伐，包围清江宁府（南京），但终难克清军。后凭借海战优势固守海岛厦门、金门，成为南明最后不屈的孤臣。

顺治十八年（1661年），郑成功率军横渡台湾海峡，击败荷兰在台湾的驻军，收复台湾，建立明郑政权。然而第二年即病逝。其儿子郑经继位管理台湾，郑经死，郑克塽继任。独立的明郑政权（1661—1683）延续3代共22年。

郑成功孙郑克塽降清，后迁居燕京，上疏请迁葬祖父于内地。康熙下诏："郑成功系明室之遗臣，非朕之乱臣贼子。敕遣官护送成功及子经两柩，归葬南安，置守冢，建祠祀之。"并撰联肯定其忠：

四镇多二心，两岛屯师，敢向东南争半壁；
诸王无寸土，一隅抗志，方知海外有孤忠。

郑成功是一代儒将，曾有联曰："养心莫若寡欲；至乐无如读书。"留下的诗文，豪气干云。

复台

开辟荆榛逐荷夷，十年始克复先基。
田横尚有三千客，茹苦间关不忍离。

出师讨满夷自瓜州至金陵

缟素临江誓灭胡，雄师十万气吞吴。
试看天堑投鞭渡，不信中原不姓朱！

陈吏部逃难南来，始知今上幸缅甸，不胜悲愤；
成功僻在一隅，势不及救，抱罪千古矣（二首）

一

闻道吾皇赋式微，哀哀二子首阳薇。
频年海岛无消息，四顾苍茫泪自挥。

二

天以艰危付吾侪，一心一德赋同仇。

最怜忠孝两难尽，每忆庭闱涕泗流。

晨起登山踏看远近形势

旭日东升万壑明，高林秋爽气纵横。

千峰无语闲云过，瀑布湍飞系我情。

※后世纪念

台湾地区台南市建有郑成功庙，福建省南安市有延平郡王祠。

厦门郑成功纪念馆，坐落于日光岩景区。馆内展出各种文物、文献资料、雕塑等，系统地介绍郑成功光辉的一生。

李鸿章（名臣）

一品乌纱岂省心，神州内外正消沉。
谁知学士胸中苦，委曲千般无处吟。

李鸿章（1823—1901年），安徽省合肥人，本名章铜，字渐甫或子黻，号少荃（泉），晚年自号仪叟，别号省心。晚清名臣，政治家、外交家。官至直隶总督、北洋通商大臣，爵封一等肃毅侯，追赠太傅，谥号文忠。

李鸿章18岁中秀才，20岁入京，随在刑部任职的父亲遍交名人，受业于曾国藩名下。25岁中进士，28岁入翰林院。31岁回乡办团练，对抗太平军，历时5年。后入湘军部重随曾国藩，负责文书。咸丰十一年（1861年），李鸿章39岁时组建淮军。40岁，经曾国藩推荐任江苏巡抚。

李鸿章重视国外先进知识，实施“洋务运动”。首先是强军，让淮军学习夷军，装备洋枪洋炮，雇请外国教练训练成新式军队。新式军队战斗力强，连续击败太平军。太平天国亡，李鸿章继续保留淮军，其意不止于“靖内寇”，更在于“御外侮”。同时认为强兵以制器为先，在两江总督任上，组建了江南制造局、金陵机器局。后任直隶总督，接管了天津机器局（中国近代早期的4大军工企业中，李鸿章占了3个）。还积极倡建近代海军，建立北洋水师，拥有舰艇25艘，官兵4千余人，当时是亚洲最强大的海上军事力量。

李鸿章痛感中国之积弱不振在于贫，“必先富而后能强”，于是将洋务运动的重点转向“求富”。督办创立了“轮船招商局”，先后创办了河北磁州煤铁矿、江西兴国煤矿、湖北广济煤矿、开平矿务局、上海机器织布局、山东峄县煤矿、天津电报总局、上海电报总局、漠河金矿、热河四道沟铜矿及三山铅银矿、上海华盛纺织总厂等一系列企业。主持修建了唐青铁路、津沽铁路。共涉及矿业、铁路、纺织、电信等多个行业。在经营方针上，也逐渐由官督商办转向官商合办。从客观上促进了中国资本主义的发展，是中国近代化开始的标志。实现了为财政提供大量稳定收入的目标。

李鸿章一生签订了 30 多个条约，作为清政府代表与列强签订不平等条约时，每尽力争取，以减少损失，尽量维护主权，以至心力交瘁，时有吐血。在日本商讨马关条约时，李鸿章被刺客枪伤，险些丧命。慈禧太后称赞其为“再造玄黄”之人，赐京师建祠，汉族官员中仅此一人。

梁启超在《李鸿章传》中为李鸿章所处的境地感到无尽的悲恸，书中写道：“当戎马压境之际，为忍气吞声之言，旁观者尤为酸心，况鸿章身历其境者。”日本首相、李鸿章的对手伊藤博文认为：“其是大清帝国中唯一有能耐可和世界列强一争长短之人。”

后人整理出版《李鸿章全集》，多为奏折、批示等文字，有诗几十首。李鸿章少时即有诗名，言志言情中见时代风云。

有青年时的豪情满怀，如《入都》；也有为官后，入世忧怀，如《丙辰夏明光镇旅店题壁二首》；还有几历沧桑后的仍忧家国，见《再叠前韵赠仲仙》。

《入都十首之一》

丈夫只手把吴钩，意气高于百尺楼。
一万年来谁著史？三千里外觅封侯。
定将捷足随途骥，那有闲情逐水鸥！
笑指泸沟桥畔月，几人从此到瀛洲。

《丙辰夏明光镇旅店题壁》

四年牛马走风尘，浩劫茫茫剩此身。
杯酒藉浇胸磊块，枕戈试放胆轮囷。
愁弹短铗成何事？力挽狂澜定有人。
绿鬓渐凋旄节落，关河徒倚独伤神。

《再叠前韵赠仲仙》

浮生萍梗泛江湖，望断乡园天一隅。
心欲奋飞随塞雁，力难返哺恋慈乌。
河山破碎新军纪，书剑飘零旧酒徒。
国难未除家未复，此身虽去也踟蹰。

《临终诗》

劳劳车马未离鞍，临事方知一死难。
三百年来伤国步，八千里外吊民残。
秋风宝剑孤臣泪，落日旌旗大将坛。
海外尘氛犹未息，诸君莫作等闲看。

注：《临终诗》未收入其文集，疑为后人所作。

中华历史名人风采

经史类名家

杨 朱(哲学家)

立论因时贵己生，王权霸道正相争。

一毛谁可安天下，不以私谋世或清。

杨朱(生卒年不详)，字子居，又称阳生。约生于战国初期魏国，思想家、哲学家，杨朱学派的创始人。其学派是先秦显学之一。后人称“杨子”。

杨朱所处的时代，天下纷争，战乱不止。诸侯相互侵略以谋求利益，君王厚生而致臣民轻死。杨朱愤世而倡导“贵己”之说，“伯成子高不以一毫利物，舍国而隐耕。大禹不以一身自利，一体偏枯。古之人，损一毫利天下，不与也；悉天下奉一身，不取也。人人不损一毫，人人不利天下，天下治矣。”又说：“善治外者，物未必治；善治内者，物未必乱。以若之治外，其法可以暂行于一国，而未合于人心；以我之治内，可推之于天下。”主张人人治内贵己，互不侵损；人人自重自爱，各安其所，天下可治。其思想核心是人本。

杨朱的思想有道家无为而治的因素，面对现实，提出“全性保真”。所谓全性，即保持自然所赋予我身之真性，纵心而动，纵心而游。不逆万物之所好，勿矜一时之毁誉，不要死后之余荣。不羡寿，不羡名，不羡位，不羡货，乃可以不畏鬼，不畏人，不畏威，不畏利。自己主宰自己的命运。这是身在乱世，自我保全的思想。杨朱还希望通过个体修养，达到整个社会的和谐状态。

杨朱是中国最早主张个人主义思想的学术宗师，其学说显赫当时。孟子称“杨朱、墨翟之言盈天下，天下之人不归杨，则归墨”。墨家学派“兼爱”与杨朱学派“贵己”相对立。但为社会和谐的目标是相同的。

杨朱无著述流传，其言论事迹散见于《列子》《孟子》《韩非子》《庄子》《吕氏春秋》等。因史料不足，难以把握其思想体系和发展脉络，但可以肯定的是，其主旨是从个人本位出发，提倡“贵己”“为我”“轻物”“重生”。韩非评这一派人为“轻物重生之士”。告子、巫马子、孟季子、子华子、詹子（詹何）、魏牟、公孙龙等皆属杨朱学派。

杨朱企望通过其思想推行，来建立人人“贵己”“重生”而不侵犯别人的和谐社会。但是，这种社会在当时王权霸道激烈竞争的情况下，在阶级、等级存在的时期是根本不可能实现的，它只不过是一种美好的幻想而已。《荀子·王霸》记载“杨朱哭歧”的故事，反映了杨朱理想难于实现的痛苦心理。《韩非子·八说》批评杨朱说：杨朱的主张虽然明察，但并不符合当时的实际情况，是根本行不通的。

杨朱是位隐士，其生平亦无法详知。《庄子》记载杨朱曾见老子，《列子》记载杨朱之友季梁，老子、季梁都是春秋时期人。若以此推论，杨朱当生活在春秋末期。

后世影响

杨朱思想以“存我”为贵，道教以“贵生”为根本教义之一。隐者以杨朱思想为指导。

杨朱对欲望的理性思考，“外物伤生，勿为物累”。杨朱思想以存我为贵，物可养生，故不可“去物”，而要享用之；但，虽不去物而不可“有物”，不可积聚物，“有”将累于“形”，外物养生也伤生。主张对欲望有节制，要“适欲”。对人生修养具有普遍的意义。

列御寇(哲学家)

幽隐山林穷造化,循名责实得精微。
饥贫不受无功禄,虚静安然一布衣。

列御寇(约前 450—前 375 年),名寇,又名御寇,又称圄寇、圉寇,战国时期郑国人。道家学派代表人物,思想家、文学家(寓言家),人称列子。

列子一生安于贫寒,不求名利,不进官场,隐居郑地 40 年,人无识者,潜心著述 20 篇,约 10 万多字。今存《天瑞》《仲尼》《汤问》《杨朱》《说符》《黄帝》《周穆王》《力命》等 8 篇,其中寓言故事百余个。其书在先秦就有人研习,至西汉盛行,历久不衰。尤其是其中的寓言故事,流传广泛,如《愚公移山》《杞人忧天》《两小儿辩日》《纪昌学射》等脍炙人口的寓言故事,几乎家喻户晓。

列子终生致力于道德学问,曾师从关尹子、壶丘子、老商氏、支伯高子等。主张循名责实,立意穷尽事理。所著文字皆通俗,而寓意深刻,主题突出,予人启发。

《列子》一书,是列子及其弟子以及列子后学著作的汇编,是中国古代思想文化史上著名的典籍,属于早期黄老道家的一部经典。全书 8 篇,140 章,由哲理散文、寓言故事、神话故事、历史故事组成,篇篇蕴含哲理,闪烁着智慧之光,还有多篇被选入教科书,因此被誉为智慧之书。

列子贫富不移，荣辱不惊。因家中贫穷，常常吃不饱肚子，以致面黄肌瘦。有人劝郑国执政者子阳资助列子，列子口头再三致谢，却拒绝收受实物。妻子埋怨说："我听说有道的人，妻子、孩子都能快乐地生活，我却常常挨饿。宰相送粮食给你你却不接受，我真是命苦啊。"列子笑着对妻子说："子阳并不真的了解我，是听了别人的话才送粮给我。以后也可能听别人的话怪罪我，所以我不能接受。"一年后郑国发生变乱，子阳被杀，其党羽多被株连致死，因未接受子阳资助，列御寇得以安然无恙。

列御寇有名言如：

至人之用心若镜，不将不迎，应而不藏，故能胜物而不伤。

天地无全功，圣人无全能，万物无全用。

忧苦，犯性者也，逸乐，顺性者也，斯实所系者也。名胡可去？名胡可宾？但恶夫守命而累实。守名而累实，将恤危亡之不救，岂徒逸乐忧苦之间哉。

※后人评说

南北朝·刘勰《文心雕龙》：列御寇之书，气伟而采奇。

唐·柳宗元《辩列子》：虽不概于孔子道，然其虚泊寥阔，居乱世，远于利，祸不得逮于身，而其心不穷。《易》之"遁世无闷"者，其近是欤？余故取焉。其文辞类庄子，而尤质厚少伪作，好文者可废耶？

北宋·陈景元《列子冲虚至德真经释文序》：辞旨纵横，若木叶干壳，乘风东西，飘飘乎天地之间，无所不至。

南宋·洪迈《容斋续笔》：书事简劲宏妙，多出《庄子》之右。

清·蒲松龄《聊斋文集》卷二《庄列选略小引》：千古奇文，至庄、列止矣。

唐玄宗尊列御寇为冲虚真人。

王　诩（谋略家）

先生鬼谷实迷离，高足如云各显奇。

合纵连横惊九鼎，三韬六略是宗师。

王诩（生卒年不详），又名王禅，道号玄微子，自称鬼谷先生。出生于卫国朝歌（位于今河南省鹤壁市淇县），另有魏国邺地（今河北省邯郸市临漳县）、陈国郸城（河南省周口市郸城县）之说。隐居于云梦山（河南境内），战国时期著名的思想家、谋略家、教育家。道家代表人物，称“王禅老祖”。后人称“鬼谷子”。

王诩生平事迹难于详考。《史记·苏秦张仪列传》中记载，苏秦、张仪二人曾求学于鬼谷子。

鬼谷子学识渊博，精通百家，是著名谋略家。创立了纵横学说，是兵法集大成者。传说其被囚禁在楚国8年，终日读书思考，以至通天彻地，智慧卓绝。一曰数学，日星象纬，在其掌中，占往察来，言无不验；二曰兵学，六韬三略，变化无穷，布阵行兵，鬼神不测；三曰言学，广记多闻，明理审势，出词吐辩，万口莫当；四曰出世，修真养性，祛病延年，服食导引，平地飞升。被誉为千古奇人。

战国时期曾从其学的名人有苏秦、张仪、孙膑、庞涓、商鞅、吕不韦、李悝、邹衍、白起、李牧、王翦、计然、范蠡、文种、甘茂、乐毅、魏昂、茅蒙、要离、范雎、猗顿、田穰苴、蔡泽、邹忌、郦食其、司马错、蒯通、黄石、徐福、公孙衍、魏僚、曹刿、荀跞、魏章、西门豹、魏成、王龁、田骈、白圭、吕耕、任座、李冰、赵奢、田单、匡章、陈轸、许行、石申、甘德、剧辛、郭纵等。其学生成就范围广，有政治家、外交家、军事家、经济学家、养生学家等。而各家中又以纵横家和兵家影响最大。

鬼谷子是历史上著名的学术大师，培养了一代风云人物，导演了一幕幕惊天话剧，给世人留下了无穷的智慧。但学生人品不一，庞涓因嫉妒师弟孙膑，将其骗到魏国，残忍地剜掉了孙膑的膝盖骨；孙膑在马陵之战中击败庞涓，迫使他自杀而死，弟子相背，或是其痛！

据《隋书·经籍志》记载，鬼谷子著有《鬼谷子》《关令尹喜内传》《本经阴符七术》3 书。《鬼谷子》，侧重于权谋策略及言谈辩论技巧；《关令尹喜内传》，记述了老子出关、尹喜拜师、老子惩罚徐甲、尹喜青羊肆寻师、老子化胡等事件；《本经阴符七术》，集中于养神蓄锐之道。

后人说鬼谷子的思想核心，是"潜谋于无形，常胜于不争不费"。

至今军事学、史学、经济、外交等各界对鬼谷子的研究兴趣浓厚，方兴未艾。被兵家尊为圣人，谋略家尊为谋圣，名家尊为师祖，算命占卜的尊为祖师爷。"鬼谷子传说"入选第四批国家级非物质文化遗产代表性项目名录。2000多年来，各地侍奉鬼谷子和其母亲王圣母功德的祠庙不绝。

惠　施（哲学家）

相异相同变态中，方生方死贯时空。

五车之学形而上，智者离尘友失聪。

惠施（约前390—前317年），名施，战国时期宋国商丘（今河南省商丘市）人。政治家、哲学家，名家学派的创始人，后人称惠子。

惠施是战国时期政治舞台上最活跃的人物之一，作为合纵的组织人，在当时各个国家里都享有很高的声望。惠施是合纵抗秦的最主要的组织人和支持者，主张魏国、齐国和楚国联合起来对抗秦国，并建议齐、魏互尊为王。惠施的政治生涯主要在魏国，主要政治活动一是为魏惠王立法，二是谋划外交。

惠施博学，其学识主张主要见于《庄子》。《庄子·天下篇》保存有惠施10个命题，即"历物十事"：（一）至大无外，谓之大一；至小无内，谓之小一。（二）无厚不可积也，其大千里。（三）天与地卑，山与泽平。（四）日方中方睨，物方生方死。（五）大同而与小同异，此之谓小同异；万物毕同毕异，此之谓大同异。（六）南方无穷而有穷。（七）今日适越而昔来。（八）连环可解也。（九）我知天下之中央，燕之北，越之南也。（十）泛爱万物，天地一体也。

10个命题，主要是对物质世界的本质和规律做出的哲学思考。事物相异相同的辩证观，如“至大无外，至小无内”之论；事物发展运动观，如“日方中方睨，物方生方死”。一定程度上认识了事物矛盾运动的辩证过程。在“名”“实”观方面，从现实存在出发，认为“实”是第一性的，而“名”是“实”的反映，是第二性的。

惠施曾努力钻研宇宙间万物构成的原因。据说，南方有个奇人叫黄缭的，曾询问天地不塌不陷落以及风雨雷霆发生的原因，惠施不假思索，立刻应对，滔滔不绝，“遍为万物说”。

惠施和庄周是至交，因学识相知相交。若无庄周赏识，人们难于了解惠施。若是惠施学识平常则得不到庄周赏识，后人也不能了解惠施之才华。因为惠施的著作没有能够流传下来，因此其哲学思想只有通过他人的转述而为天下知，而其中记述最多的是庄周著作。

庄周“以天下为沉浊，不可与庄语”，只好“独与天地精神往来”，遇到惠施，终于有了一个可以共同言语的人。庄子称“惠施多方，其书五车，其道舛驳”，可见惠施学识之渊博。

惠施与庄周二人虽为知己，但因个性差异。一个以逻辑思维为本，注重严谨；一个有着艺术家的气质，时而演绎，所以见面经常争辩。著名的有“濠梁之辩”：“子非鱼安知鱼之乐？”从中可以看出惠施是个辩论高手。然正是这种探讨争辩，使二人遨游于知识天地，丰富了他们的精神世界，二人相得益彰，同时也激发了庄周的创作灵感。

庄周超然物外，超离人群，独以惠施为友。惠施死，庄周失去知音，终日闭目无语。刘向《说苑·说丛》记载：“惠子卒，而庄子深瞑不言，见世莫可与语也。”庄周过惠施墓以“郢人运斤”的故事表达了自己的心情，反复痛苦地说：“自夫子之死也，吾无以为质矣，吾无与言之矣！”据说庄周此后闭目塞听，如同伯牙绝弦不再弹，直至离世，不再与人语。

惠施的哲学思想，除了《庄子》一书记载外，《荀子》《韩非子》《吕氏春秋》等书中也有记载。

邹　衍（哲学家）

谈天说地意无穷，酌古斟今百事通。

五德循环论兴替，遐思跨越海洋空。

邹衍（生卒年不详），又名驺衍，战国末期齐国人，出生于今山东省济南市章丘区。哲学家，阴阳家代表人物，创立五行学说“五德终始”说，最可贵的是“大九州”说，人称邹子。

邹衍是稷下（今山东省淄博市）学宫著名学者，因其“尽言天事”，时称“谈天衍”，其理论基础源于阴阳学说。班固认为阴阳家来源于掌管天文历法的官羲氏及和氏，是为“敬顺昊天”“敬授民时”。而邹衍的“谈天”不只是“天时”，而是“谈地”，谈社会，实是言政。面对当时“有国者益淫侈，不能尚德”的情况，邹衍在阴阳基础上建立“五德终始”说，以警戒当时统治者应止乎仁义节俭。邹衍认为，天地有五行，人类社会都是按照五德（即五行之德）转移的次序进行循环的。而五德转移是仿照自然界的五行相克相生的规律进行的，人类社会的历史变化同自然界一样，也是受土、木、金、火、水 5 种物质元素支配的，历史上每一王朝的出现都体现了一种必然性：有德者兴，无德者亡。这种具有朴素唯物观和辩证观的思想，在当时影响很大。国君纷纷请教邹衍治国之道。秦始皇统一六国后，根据邹衍“水德代周而行”的论断，以秦文公出猎获黑龙作为水德兴起的符瑞，进行了一系列符合水德要求的改革，以证明其政权的合法性，成为五德终始说的第一个实践者。秦朝随之兴起崇尚黑色的风潮。

邹衍的“五德终始”说不仅在当时受到重视，而且对后世的学术和政治也产生了重大影响。就学术而言，董仲舒将邹衍的阴阳五行学说与儒学相结合，开汉代儒学阴阳五行化的先河。就政治而言，五德终始说作为一种改朝换代的理论工具，受到历代新王朝建立者的信奉。

邹衍另一个重要的理论——“大九州”说，是说神州（中国）内的九州是小九州，神州之外还有同样的八个大州，连神州算在一起是大九州，这才是整个天下。这是邹衍推断出来的。这个理论对当时众国君也是一种震慑，要知“海外有天”。大九州地理学说在战国时代提出确是惊世骇俗，邹衍无愧是海洋理论第一人，这与齐国东临大海不无关系。此说引起人们对海外世界的无限遐想，于是有徐福东渡扶桑入海求仙之事（开发了今日本岛）。

邹衍的政治实践在燕国。燕昭王即位招贤士，在黄金台上拜邹衍为师。昭王在邹衍、乐毅等辅助下，使十分疲弱的燕国国力日强。邹衍还在渔阳郡（今北京密云的西部）留下吹律的故事。春天时渔阳郡还是冬天气象，草木不长，五谷无法耕种。邹衍上郡城南小山上，吹起了律管，演奏春之曲，一连吹了三天三夜，唤来暖风，冰消雪化，大地变暖，五谷得以下种。邹衍还提供良种，教农民耕作，农作物获得丰收。渔阳人建祠立碑以祭祀邹衍，“邹衍吹律”典故流传至今。

邹衍著作，据《汉书·艺文志》载有《邹子》49 篇和《邹子终始》56 篇。《史记·孟子荀卿列传》（这篇孟子、荀子传，包括了战国时期阴阳、道、法、名、墨各家代表人物，其中有邹衍）载邹衍著作《终始》《大圣》之篇 10 余万言。另有《主运》，司马迁称邹衍以“主运”（思想理念）显于诸侯，将邹衍列为稷下诸子之首，并赞称邹衍之术，“迂大而宏辨”。

荀　况(思想家)

何必纠缠善恶根,荀卿政论数千言。
儒家理想东流水,礼法兼施现实门。

荀子(约前313—前238年),名况,时人尊为荀卿,汉代避宣帝讳而改称孙卿(因“荀”与“孙”二字古音相通)。战国时期赵国(今山西省临汾市安泽县)人。先秦著名思想家、文学家、政治家,和屈原一起被称为辞赋之祖。人称荀子 。

荀况青年游学,遍历诸国,博览百家,后在齐襄王时代以其丰富的学养被举为祭酒,主持稷下学宫,韩非、李斯、张仓等都是其入室弟子。后去楚国,春申君以之为兰陵令(山东兰陵县令),春申君死而荀卿废,之后一直家居兰陵。

荀况治学,重视现实,面对礼崩乐坏,天下纷争的社会现实,提出“性恶”论,认为人与生俱来就有欲望,若欲望得不到满足便会发生争执,因此主张人性有恶。由此否认天赋的道德观念,强调后天环境和教育对人的影响(其学说迥然异于孟子的“性善”论),并为此提出一系列的思想观念和政治主张。

荀况在批判地总结和吸收诸子百家的前提下,形成了富有特色的“明于天人之分”的自然观、“化性起伪”的道德观、“礼仪之治”的社会历史观。从“天道自然”“天行有常”“天人相分”出发，得出“制天命而用之”；从人之自然性恶，提出“化性起伪”的道德教化论。等等。以此主张隆礼重法，礼法兼修。

荀况认为“治之经，礼与刑，君子以修百姓宁”；“礼以定伦”，法能“定分”；法治为“暴察之威”，礼治是“道德之威”；礼义为本，法治至其极也不过为“霸”，而不能成“王”。“隆礼尊贤而王，重法爱民而霸。”礼法兼施，王霸可望达到统一。这是对礼法、王霸之争的总结，开创了汉代儒法合流杂用的先河。

荀况的观点是，人的天然本性是追求利欲的，而礼的作用则在对人对利欲的无限追求做出限制，二者之间不免会有冲突。为了确保公共秩序的正常运转，礼的遵循必须要诉诸一种强制性。由此，礼转为法。荀况多次论述“礼法之枢要”“礼法之大分”，强调礼与法二者之并存，不可偏废。

荀子认为，礼是介于义和法之间的一个范畴。在义、礼并称时，礼多是指道德；在礼和法并称时，礼多指制度。荀子说礼是法之大分时，既是指礼为立法的原则，又是指礼作为原则的道德立场。法的制定和形成不纯属利益分配的问题，还是一个道义问题。法的一律化打破了贵族和平民的界限，使一切人处于平等地位。但是坚守礼的信念防止人们沉落，仍是不可动摇的基本原则。于此，荀况既顾及现实中人们对利欲的追求，而又坚持了道德理想，力求在二者之间保持平衡。因此就本质方面而言，荀况仍是遵循了儒学的宗旨。

荀子儒学体系的历史地位主要有：

在学术批判精神方面，具备兼容并包的意识，在儒学中独树一帜，体现了战国由百家争鸣走向学术交融的历史趋势，因有“诸子大成”的美称。无论从哪个角度考察，《荀子·非十二子》在学术史、思想史上都有其进步意义。

对儒学经典的传授建功甚伟。汉代儒学，不仅“礼学”出自荀学，“诗经学”乃至于“春秋学”都与荀学有关。清儒汪中著《荀卿子通论》，认为“荀卿之学，出于孔氏，而尤有功于诸经”，并对荀子的“传经”做了详细考证，为经学史研究的学者所基本认同。徐复观也曾高度评价荀子在经学史上的地位。

密切关注现实世界的变化，充满事功精神。荀子讲学于齐、仕宦于楚、议兵于赵、议政于燕、论风俗于秦，对当时社会的影响不在孔、孟之下。荀子不入秦，却对秦政、秦俗多予褒奖，而同时批评其“无儒”，说明其坚持儒学的基本信念，还在努力争取扩大儒家的政治空间。俯仰于政治与学术之间，荀子所体现的务实精神，应该是汉代儒宗董仲舒的取法对象。他们都为儒学适应时代环境、进而寻求新的发展做出了贡献。

开创一代文风。荀子的文章论题鲜明，结构严谨，说理透彻，有很强的逻辑性。语言丰富多彩，善于比喻，排比句很多，风格独特。文体多样化，把语录体发展成为标题论文，标志着我国古代说理文趋于成熟。5 篇短赋（《礼》《知》《云》《蚕》《箴》），开创了以赋为名的文学体裁，同屈原一起被称为“辞赋之祖”。采用民歌形式写的《成相篇》，对后世也有一定影响。因此其文章被誉为“学者之文”。

荀况一生著述颇丰，后人编为《荀子》。绝大部分是其本人所作，小部分是弟子等整理。共 20 卷，32 篇。内容涉及哲学思想、社会政治、教育治学、立身处世、学术论辩等诸多方面。其中传世名篇、警言甚多，如“水则载舟，水则覆舟”“论德而定次，量能而授官”“友者，所以相有也；道不同，何以相有也”。

荀子之失，重弟子之才识而失其德育，如李斯妒忌韩非，致韩非身死。

韩　非(思想家)

洞见人间是与非,因情说势笔生威。

刑名法术同谁论,孤愤台前落魄归。

韩非(约前 280—前 233 年),战国末期韩国都城新郑(今河南省新郑市)人,思想家、散文家。君主专制主义理论、法家思想的集大成者,其思想,指导秦始皇统一六国,影响深远。人称韩非子。

据《史记》载:韩非是韩国的贵族子弟,曾与李斯同在荀子门下读书,李斯自以为不如韩非。韩非师从荀子,但其思想观念却与老师大不相同。他抛弃了儒家的思想内涵,而偏爱“刑名法术”(重罚慎赏,循名责实的治理理念)之学。韩非口吃,拙于言,不善口头表述,而善于文章著述。

韩非身为韩国公子(韩桓惠王之子),目睹韩国日趋衰弱,曾多次向韩王上书进谏,希望韩王安励精图治,变法图强,但韩王置若罔闻,始终都未采纳。这令韩非非常悲愤和失望,于是闭门读书著述。韩非“观往者得失之变”,从历史兴衰之中探索变弱为强的道路,写下了《孤愤》《五蠹》《内外储》《说林》《说难》等 10 余万言的著作,全面系统地阐述了法治思想,还抒发了自己忧愤孤直而不容于时的愤懑。这些著作流传到秦国,秦王嬴政读了《孤愤》《五蠹》之后,大加赞赏,仰慕至极。发出“嗟乎!寡人得见此人与之游,死不恨矣”的感叹。秦始皇询问谁是作者，李斯告诉秦王是韩非的著作。秦始皇为了见到韩非，便下令攻打韩国。韩王安原本不想用韩非，但因形势紧迫，便派韩非出使秦国。秦王嬴政见到韩非，非常高兴，然而却未委以重任，权作为谋士。

韩非拙于言语，不善交际，又才华出众而为秦国大臣妒忌，后终于遭到李斯和姚贾的谗害。因韩非曾上书劝秦始皇先伐赵缓伐韩，诋毁者说：韩非是韩国的贵族，大王欲吞并诸侯，韩非终究是为韩国而不会为秦国，这是人之常情。现在大王不用他，却久留他后让他回去，这是自留祸患。不如以过错依照法律诛之。秦王嬴政听信了谗言，下令将韩非入狱审讯。韩非想向秦王自陈心迹，却又不能进见。李斯派人给韩非送去毒药，逼韩非自杀。秦王嬴政后来后悔了，下令赦免韩非，然而为时已晚。

韩非继承和总结了战国时期法家的思想和实践，提出了君主专制中央集权的理论。认为“事在四方，要在中央；圣人执要，四方来效”，国家的大权，要集中在君主一人手里。应使用各种手段清除世袭的奴隶主贵族势力，选拔一批经过实践锻炼的封建官吏来取代他们，“宰相必起于州部，猛将必发于卒伍”。主张改革和实行法治，要求“废先王之教”，“以法为教”，认为“法者，王之本也”。执行法律一视同仁，“法不阿贵”——“刑过不避大臣，赏善不遗匹夫”。韩非吸收了老师荀子“性本恶”观点，认为只有实行严刑重罚，人民才会顺从，社会才能安定，权力才能巩固。同时认为刑罚是出于对人民的爱护，“刑者，爱之自也”。法条明确，人们才知道该怎么做。

《韩非子》是韩非离世后，由后人辑集而成。《汉书·艺文志》著录《韩子》55 篇，《隋书·经籍志》著录《韩子》20 卷。

韩非子的文章说理精密，文笔犀利，议论透辟，推证事理，切中要害。比如《亡征》一篇，分析国家可亡之道达 47 条之多，前所未见。韩非子的文章构思精巧，描写大胆，语言幽默，于平实中见奇妙，具有耐人寻味、警策世人的艺术效果；还善于用大量浅显的寓言故事和丰富的历史知识作为论证资料，说明抽象的道理,形象化地体现其法家思想和对社会人生的深刻认识。其书中记载的寓言故事,如“自相矛盾”“守株待兔”“讳疾忌医”“滥竽充数”“老马识途”等,蕴含着深隽的哲理,是思想性和艺术性的完美结合,给人们以智慧的启迪,盛传不衰。

韩非死,遗体运回故里棠溪(今河南省漯河市舞阳县),安葬于棠溪河畔一处高坡。韩非入秦前,著书之余常在此处盘桓,排解忧烦,人称孤愤台。

韩非腹中才高,却不善口述;又因出身韩国贵族,秦并天下,韩国首当其冲;更遇妒忌心强的李斯,其不幸在所难免。

刘　向（经学家）

位处朝堂谏议臣，长从史事明伪真。

校书成就前无古，官学兼修一巨人。

刘向（约前 77—前 6 年），原名更生，字子政，祖籍沛郡（今属江苏省徐州市沛县）人。刘邦异母弟刘交后代，西汉经学家、目录学家、文学家。其整理编辑的《战国策》对后世影响很大；刘向所撰《别录》，为我国目录学之祖。

刘向初以父荫任辇郎，后擢任谏大夫。宣帝时选为儒俊材，应诏献赋颂数十篇，官至散骑谏大夫给事中。元帝时，擢任散骑宗正给事中，因屡次上书言事，弹劾宦官弘恭、石显及外戚许、史等，曾两度下狱，被免为庶人，闲居 10 余年。成帝即位后被启用，拜中郎，使领三辅都水，迁光禄大夫，官至中垒校尉。刘向多次上书，建议削弱外戚权力，甚为成帝嘉许，但其建议终不被采用。

刘向为人平易朴实，不重威仪，廉洁乐道，潜心学术，昼诵《书》《传》，夜观星象，常常通宵达旦。刘向喜言五行灾异之说，并据以论证政治。其学问渊博，曾奉诏整理五经秘书、诸子诗赋近 20 年，对古籍的整理保存做出了巨大贡献。撰成《别录》，为中国最早的目录学著作。又集合上古以至秦汉符瑞灾异之记，推衍行事，以类相从，撰成《洪范五行传》11 篇，为中国最早的灾异史书。文学上以辞赋和散文见长，《汉书·艺文志》载有其赋 33 篇，今多散佚，唯存《九叹》，系拟屈原《九章》之作，在追念屈原之辞中寄托身世之感。其散文今存部分奏疏和点校古籍的叙录，著名的有《谏营昌陵疏》和《战国策叙录》。其文叙事简约，论理畅达，从容不迫，对唐宋古文家有一定影响。刘向又采集前代史料轶事，撰成《说苑》《新序》《列女传》，其中有一些很有意义和文学特点的故事，是魏晋小说的先声。

《别录》是中国第一部有书名、有解题的综合性的分类目录书。著录图书 603 家，计 13219 卷，分为 6 大部类、38 种，每类之前有类序，每部之后有部序。叙录内容包括：书目篇名，校勘经过，著者生平思想，书名含义，著书原委，书的性质，评论书的思想、史实、是非，剖析学术源流和书的价值。其子刘歆据此序录删繁就简，编成《七略》。《别录》唐代已佚，今据《汉书·艺文志》可考见其梗概。《七略》对《汉书·艺文志》的编辑影响极大，对《四库全书》的编纂也有影响。

《战国策》原名《国策》，又名《国事》《短长》《事语》《长书》《修书》等，是战国末年和秦汉间人编集的一部重要的历史散文著作，经刘向整理编辑，始定名为《战国策》。全书共 33 篇，分国别编辑。依次是：西周 1 篇，东周 1 篇，秦 5 篇，齐 6 篇，楚 4 篇，赵 4 篇，魏 4 篇，韩 3 篇，燕 3 篇，宋、卫合 1 篇，中山 1 篇。所记史实从东周贞定王十七年（前 452 年），到秦始皇三十一年（前 216 年），共 245 年。

《说苑》又名《新苑》，系古代杂史小说集。原 20 卷，后仅存 5 卷，大部分已经散佚，至北宋曾巩搜集，复为 20 卷。按各类记述春秋战国至汉代的逸闻轶事，内容多哲理深刻的格言警句。叙事意蕴讽喻，文字简洁生动，清新隽永，有较高的文学欣赏价值。对魏晋乃至明清的笔记小说也有一定的影响。

《新序》是历史故事类编。原本 30 卷，至北宋初仅存 10 卷，经曾巩搜集整理，仍厘为 10 卷。书的许多章节故事完整，情节曲折生动，人物形象丰富多彩、特色鲜明，具备了小说的因素。

《烈女传》7卷，依次为《母仪》《贤明》《仁智》《贞顺》《节义》《辩通》《孽嬖》。除第7卷外，记载的皆是古代嘉言懿行的女子典型，展示女性风采，一时成为衡量女性行为的准则。《烈女传》之《续传》即第8卷，是后汉班昭所补，共收20人，也以“母仪”“贞顺”“仁智”等区分之。

刘向一生重视历史文化，遍览先秦古籍，收集散乱的诸子残篇，对《管子》《晏子》《韩非子》《列子》《关尹子》《子华子》《邓析》以及《战国策》等著作进行了系统整理，主要是对书名及篇章文字进行校勘订正，为中华传统文化的流传做出了巨大贡献，其功绩前无古人。

班固高度赞扬刘向父子的贡献，说：“六学既登，遭世罔弘；群言纷乱，诸子相腾。秦人是灭，汉修其缺。刘向司籍，九流以别，爰著目录，略序洪烈。”

王　充（哲学家）

不信神灵不畏天，存疑究实敢为先。
贫无一亩王公志，发聩昭聋立异篇。

王充（27—约 97 年），字仲任，会稽上虞（今浙江省绍兴市上虞区）人，东汉唯物主义哲学家。

王充祖籍魏郡元城（今河北省邯郸市大名县），元城王氏，一门望族，曾经势齐云霄，荣耀非凡。王莽新朝时，号“天下第一家族”。后随王莽政权垮台而衰落。王充父辈迁浙江，王充出生时，家已破落先人无德，祖宗无行的沉重包袱压在王充身上，又父亲早逝，成了孤儿，因此从小养成了孤介寡和、端庄严整的气质。王充幼习经史，18 岁入京都洛阳求学，曾入最高学府太学，得益于多名饱学之士的指点，尤其受著名学者桓谭的“训诂举大义，不为章句”的方法启发最大，还常与刘歆、扬雄“辨析疑异”。在洛阳访学 14 年后，在扬州、丹阳、九江、庐江等地，先后任县、郡、州的属官。因仕途不顺，回乡教书。

王充经子并重，博涉众流。认为诸子与儒经同等重要，有时子书甚至比经书更为可靠。“秦虽无道，不燔诸子；诸子尺书，文篇俱在”。“人含百家之言，犹海怀百川之流也。”这正是成就其博学通才的原因之一。

王充把读书人分为四等，即：儒生、通人、文人、鸿儒。“能说一经者为儒生;博览古今者为通人;采掇传书以上书奏记者为文人;能精思著文连结篇章者为鸿儒。”“儒生过俗人,通人胜儒生,文人逾通人,鸿儒超文人。”赞扬鸿儒的创造性,“贵其能用之也”。王充正是以鸿濡作为自己的人生坐标,而苦心著述《论衡》,现存文章 85 篇。

东汉时代,儒家思想在意识形态领域里占支配地位,但被打上了神秘主义的色彩,掺进了谶纬学说,儒学变成了“儒术”,《论衡》一书,对此针对性地进行批判。《论衡》从自然现象、直观事物出发细说微论,解释世俗之疑,辨照是非之理,以“实”为根据,疾虚妄之言。目的是“冀悟迷惑之心,使知虚实之分”。反对天人感应、君权神化,“诋訾孔子”,反叛当时儒家正统思想,这不仅需要精深的见识,更需要的是不怯杀身灭门的勇气。

王充宣布世界是由物质构成的,不承认鬼神的存在,确立了一个比较完整的古代唯物主义体系,在历史上具有跨时代的意义。它对今后的唯物主义者、无神论者,诸如魏晋时期的哲学家杨泉、南朝宋时的思想家何承天、南朝齐梁时的无神论者范缜、唐朝时期的刘禹锡和柳宗元、明清之际的思想家王夫之等等,都产生了不同程度的影响。

后人称《论衡》是“博通众流百家之言”的古代小百科全书。就物理学来说,王充对运动、力、热、静电、磁、雷电、声等现象都有观察记录,还解释了人与自然的关系。把人的发声,比喻为鱼引起水的波动;把声的传播,比喻为水波的传播。这观点与我们今天声学的结论是一致的。声是物体振动产生的,声要靠一定的物质来传播。欧洲人波义耳认识到空气是传播声音的媒介,是 17 世纪的事,比王充晚 1600 年。

王充的基本观点出于道家的“自然无为”,以“气”为核心范畴,认为宇宙生成是元气、精气、和气等自然气化的模式,主张生死是自然之道。且以事实验证言论,弥补了道家之玄妙空灵致使人们难以理解的缺陷。是汉代道家思想的重要传承者与发展者。

《论衡》是王充的代表作品，也是中国历史上一部不朽的无神论著作。其中名言有：

不览古今，论事不实。

精诚所至，金石为开。

事莫明于有效，论莫定于有证。

知古不知今，谓之陆沉；知今不知古，谓之盲瞽。

处逸乐而欲不放，居贫苦而志不倦。

德不优者，不能怀远；才不大者，不能博见。

知屋漏者在宇下，知政失者在草野，知经误者在诸子。

世各自有以取士，士亦各自得以进。进在遇，退在不遇。处尊居显，未必贤，遇也；位卑在下，未必愚，不遇也。

※后人评说

清·纪昀《四库全书总目提要》：攻之者众，而好之者终不绝。

清·章太炎《检论》：汉得一人焉，足以振耻。至于今，亦鲜有能逮之者也。

胡适《王充的论衡》：中国的思想若不经过这一番破坏的批评，决不能有汉末与魏晋的大解放。王充哲学是中古思想的一大转机。他不但在破坏的方面打倒迷信的儒教，扫除西汉的乌烟瘴气，替东汉以后的思想打开一条大路；并且在建设的方面，提倡自然主义，恢复西汉初期的道家哲学，替后来魏晋的自然派哲学打下一个伟大的新基础。

班　固（史学家）

熟典通经著述丰，私修国史气尤雄。

是非邪正心明了，怎可株连外戚中。

班固（32—92 年），字孟坚，扶风安陵（今陕西省咸阳市）人，东汉史学家、文学家。

班固出身儒学世家，其父班彪、伯父班嗣，皆为当时著名学者。班固 9 岁即能属文，诵诗赋，16 岁入太学，博览群书，不论儒家或其他百家学说，都能深入钻研，同时注重见识，不拘守一师之说，不停留在字音字义、枝枝节节的注解上，而是寻求贯通经籍的大义。

班彪晚年潜心续写《史记》，班固也开始留意汉事。23 岁时，父班彪逝世，班固从京城洛阳迁回扶风安陵老家居住。从京城官宦之家一下子降到乡里平民的地位，但其毫不气馁，立志继承父亲未尽之业。父亲已经撰成《史记后传》的部分，内容还不够详备，布局也尚待改进；没有撰成的部分，需要重新续写。于是班固在父亲已成《史记后传》的基础上，利用家藏的丰富图书，正式开始了撰写《汉书》，同时积极寻求出仕的机会。

8 年后，有人向朝廷上书告发班固“私修国史”，汉明帝下诏扶风郡收捕，班固被关进京兆监狱，书稿也被官府查抄。“私修国史”罪名很大，同郡人苏朗曾被人告发伪造图谶，被捕入狱后，很快就被处死。面对这种严峻形势，班家上下十分紧张，班固的弟弟班超骑上快马赶赴京城洛阳，上疏为班固申冤，将父兄两代人几十年修史的辛劳以及宣扬“汉德”的意向全部告诉了汉明帝。明帝读了班固书稿，对班固的才华感到惊异，称赞他所写的书稿确是一部奇作，下令立即释放，并召进京都洛阳皇家校书部，拜为兰台令史，掌管和校定皇家图书。

由于班固在编撰《世祖本纪》过程中的出色努力，又被晋升为“郎”官(校书郎)。记录整理了《白虎通德论》(《白虎通义》)，集当时经学之大成，使谶纬神学理论化、法典化。

到汉章帝时，班固基本上完成了《汉书》的撰著，共计历时 25 年，实现了父子两代人的心愿。全书记述从汉高祖开始，到孝平王莽被杀，记录了 12 代帝王，230 年间的事迹，包括《春秋》考纪、表、志、传共 100 篇。《汉书》颁出后，受到当朝重视，学者们争相诵读。

班固年届 58 岁，因遭母丧，辞官守孝在家。得知窦宪(外戚)被任命为将军，率大军攻伐匈奴的消息，便决定投附窦宪，随大军北攻匈奴。班固被窦宪任为中护军，参与军中谋议。随师登燕然山(今蒙古境内杭爱山)，作《封燕然山铭》刻石勒功。班师后入窦宪幕府，主持笔墨之事，撰写《窦将军北征颂》。后因窦宪密谋篡位，班固受到株连，也被免职。又被洛阳令种兢陷害，被捕入狱，死于狱中。

《汉书》是继《史记》之后中国古代又一部重要的史书，与《史记》《后汉书》《三国志》并称为“前四史”。全书记述了上起汉高祖元年(前 206 年)，下至新朝王莽地皇四年(23 年)，共 230 年的史事。《汉书》在构书体系上取得了重大突破，规矩法度清晰、体例整齐合理，更易效法。《汉书》也是一部重要的文学作品，它是继《史记》以后出现的又一部史传文学典范之作，通过叙述西汉盛世各类人物的事迹，全面地展现了西汉盛世的繁荣景象和时代精神风貌，在叙事写人方面取得了重大成就。艺术特色上，重视规矩绳墨，行文谨严有法，在平铺直叙过程中寓含褒贬、预示吉凶，分寸掌握得非常准确，形成了和《史记》迥然有别的风格。

《汉书·艺文志》继承了《七略》六分法的分类体系，开创了史志目录这一体列，后世修史，必设“艺文”“经籍”类，对我国古典目录学的发展有重要贡献。在《汉书·艺文志》中，班固把小说家列于诸子略十家的最后。诸子略共4324篇，小说就占了1380篇，是篇数最多的一家，这是小说见于史家著录的开始。

班固是东汉较早创作五、七言诗的文人，对这两种新兴诗体进行了有益的尝试。班固以史学家的笔法写的五、七言诗，都以叙事为主，风格质素。其五言诗《咏史》（缇萦救父），是现存最早完整的文人五言诗，也是诗歌史上第一首真正意义上的咏史诗，开启“咏史”这一诗题。

班固代表作《两都赋》，是以都洛、都雍（长安）为题材的作品中规模宏大、别具特色、成就突出、影响最大的一篇，开创了京都赋的范例，直接影响了张衡《二京赋》以及左思《三都赋》的创作，被萧统《文选》列为京都赋的第一篇。

《封燕然山铭》，典重华美，历来为人传诵，成为常用的典故。

班固与司马迁：同为史家后，班固亦高才。立功心太切，身死太不该。当初白虎论，已初见端倪；垂老犹投炎势，有失史家情怀。

※后人评说

唐·刘知几《史通》：如《汉书》者，究西都之首末，穷刘氏之废兴，包举一代，撰成一书。自尔迄今，无改斯道。

北宋·黄庭坚《史记评林》：每相聚，辄读前汉书数页，甚佳人！胸中久不用古人浇灌之，则尘俗生其间。照镜，则面目可憎；对人，则语言无味。

明·王鏊《震译长语》：班固西汉书，典雅详整，无愧马迁，后世有作，莫能及矣，固其良史之才乎。

张　陵(道教祖师)

黄老为宗兴一教，广传天道在人间。
消灾祈福除民害，世代尊师龙虎山。

张陵(34—156年)，字辅汉，东汉沛国丰邑(今江苏省徐州市丰县)人。天师道(五斗米道)创始人，后人尊为“正一真人”“老祖天师”。

张陵为西汉功臣张良之八世孙，7岁时即诵《道德经》，并能达其要旨。曾入太学学习，天文地理，河洛图纬，皆极其妙；诸子百家，三坟五典，所览无遗。一时人称大儒。往来吴越之地，在天目山设立讲堂，讲授五经，几年间，从其学者有千余之众。25岁，被郡守举为“贤良”，向朝廷举荐。汉明帝时，参加京都洛阳考核，中“贤良方正直言极谏科”，被任为巴郡江州(今重庆)令。不久辞官，学先祖张良退隐，于北邙山中(今河南洛阳附近)潜习黄老之道，研究《道德经》《河图》《洛书》及谶纬之说，传说3年后得《黄帝九鼎丹书》。汉明帝于京城白虎观会议，请张陵参加，征为经学博士，未去。汉和帝时，征为太傅，封冀县侯，三诏不就。汉顺帝时，入蜀，隐于鹤鸣山创“五斗米道”——传说因崇拜五方星斗及信奉《五斗经》，故名。五斗米道基本经典是《道德经》和张陵编写的《老子想尔注》。

《老子想尔注》是张陵对《道德经》的解读，将《道德经》中作为哲学范畴的“道”人格化、神格化，使抽象的“道”具体化，有喜怒哀乐，以对人教导、遣使、诫禁。凡入道者必须遵守道规。强调“道”的专一、真诚、清静自然、好善乐施。“道”可以益寿延年，祈福消灾，可以赏善惩恶，镇邪制顽。在一定程度上反映了当时民众的良好愿望，具有积极的意义。

敦煌莫高窟发现的古本典籍中，有《老子道经想尔注》残本，全本共 580 行。据考证是六朝钞本。此残卷现收藏在大不列颠博物馆。是研究道家哲学如何转变为道教神学的重要材料之一。

由于道徒尊张陵为天师，故后世人们将“五斗米道”称为“天师道”。天师道不外传，“绍吾之位，非吾家宗亲子孙不传”，今传至六十四代，张陵为第一代天师。历代天师多受到皇帝“封号”或“赠号”。

张陵传道时，曾游历江西龙虎山，甚爱其山水，结庐而居。第四代天师张盛将天师法裔由陕西汉中迁居江西省龙虎山中。现贵溪市上清镇天师府即其遗脉。其后“天师道”以龙虎山为中心，因号龙虎山为“祖庭”。元初忽必烈时，朝廷在制文中称张宗演为“嗣汉三十六代天师”，总领江南道教。元朝中后期，各种符箓道派都集合在天师道周围，形成“正一道”。尊张陵为“正一真人”。当时正一道所属道派主要有：龙虎宗、茅山宗、阁皂宗以及神霄派、清微派、东华派、天心派、净明道、太一道等，包括当时与正一道鼎足而立的全真道亦无例外地属张天师管领。

张陵字本辅汉，少时强学博闻，曾有志于天下，入世实践后，归附老子思想，崇尚无为，认为无为可致天下宁。辞去官职，不恋汉政，自创一教，于民间救济世人。以符箓等术驱邪治病，在民间声望显著。天师道组织比较严密，初建（蜀地）二十四治（即二十四教区），葛洪在《神仙传·张道陵》中就说：“弟子户至数万。”后又增设四治，共二十八治，以应上天二十八宿。至张陵孙张鲁掌教时，受皇命驻守汉中，政教相济，社会稳定，道民户数超 10 万。天师道流传近 2000 年，说明其有一定的社会基础。

班　昭（史学家）

史志缘由志者修，班姬继续父兄求。

才通今古情更雅，卷帙完成名不留。

班昭（约 45—约 120 年），又名姬，字惠班，扶风安陵（今陕西省咸阳市）人。东汉史学家。因嫁曹家为妻，学问渊博，人称“曹大家”。

班昭出身史学世家，父亲班彪是远近闻名的学者、史学家。班昭的大哥班固学问广博。班固继承父志著《汉书》，因外戚窦宪案牵连而死，《汉书》未完成。汉和帝闻班昭才华，下诏让班昭到东观藏书阁，续写《汉书》。

班昭为完成父兄遗愿，全力著作。在藏书阁经年累月孜孜不倦地阅读了大量史籍，整理、核校父兄留下来的散乱篇章，整理成册。并在原稿基础上补写了 8 表，即《异姓诸侯王表》《诸侯王表》《高惠高后文功臣表》《景武昭宣元成功臣表》《外戚恩泽侯表》《百官公卿表》《古今人表》等。几十年时间，由青春年华至老年，终于完成了《汉书》的编纂。而在《汉书》编著者中，班昭仍全部署名班固，自己未署名。《汉书》面世，世人多不懂，班昭传播教授，大儒马融等随之学习。

班昭修史期间，和帝多次召班昭入宫，让皇后和贵人视班昭为老师。每逢各地贡献珍贵稀奇物品，就叫班昭作赋赞扬。邓太后临朝听政后，特许班昭参与政事。班昭为政勤奋，邓太后非常满意，破格加封班昭之子曹成为关内侯，曹成后官至齐国的国相。

班昭二哥班超，扫平西域并留守30年，年满七旬，思归故土，皇上未批。班昭上疏和帝，言辞恳切动情，和帝感动，准予班超归。

班昭是个品学皆优的才女，《后汉书·列女传》记载，班昭著有赋、颂、铭、诔、问、注、哀辞、书、谕、上疏、遗令等，共16篇，其儿媳丁氏曾编撰成集，今佚。班昭作品存世有清代严可均《全后汉文·卷九十六》收录的《东征赋》《女诫》等7篇。班昭还曾为班固《幽通赋》作注，见于《文选》李善注中。班昭被后人评为中国古代“四大才女”（蔡文姬、班昭、上官婉儿、李清照）之一。

《东征赋》摘句：“唯令德为不朽兮，身既没而名存。惟经典之所美兮，贵道德与仁贤。”“知性命之在天，由力行而近仁。勉仰高而蹈景兮，尽忠恕而与人。”

※后人评说

南朝·范晔《后汉书》：博学高才，世叔（班昭丈夫）早卒，有节行法度。

南宋·刘克庄《沁园春·十和林卿得女》：为孟坚补史，班昭才学；中郎传业，蔡琰词章。

明·萧良《龙文鞭影》：班昭汉史，蔡琰胡笳。凤凰律吕，鹦鹉琵琶。

康有为《大同书·序》：以敬姜之德、班昭之学、秦良玉之勇毅、辛宪英之清识、李易安之词章、宋若宪之经术，列于须眉男子中，亦属凤毛麟角。

※后世纪念

曹大家墓，位于陕西省咸阳市兴平市丰仪镇大姑村，大姑村尚保存清乾隆十一年铁钟一口，铸文记述了班昭的生平史略。

许　慎(训诂学家)

学究先人造字心，横勾竖点意和音。

万千形迹踪其首，转换时空贯古今。

许慎(约 58—约 147 年)，字叔重，汝南召陵(今河南省漯河市召陵区)人，汉代有名的经学家、文字学家、语言学家，是中国文字学的开拓者，《说文解字》是我国第一部按部首编排的字典。

许慎生性质朴厚重。8 岁学六书。11 岁开始广泛学习经籍，研读《诗》《书》《礼》《易》《春秋》五经及诸子百家著作。得经学大师马融指点和推崇，时人称在五经的研究上没有人能超过许慎。有“五经无双许叔重”之赞誉。

许慎 21 岁步入仕途，担任郡功曹，26 岁补为太尉南阁祭酒，后任五经博士，校书东观，开始编纂《说文解字》。许慎认为各家对《五经》的解说混乱而褒贬不一，于是以古文经学观点作《五经异义》。

许慎 43 岁时，初步完成了《说文解字》。在校书期间，许慎的知识涉猎更广，研究更加精深。为了让《说文解字》更加完善，许慎一直没有定稿，仍在不断地将新的发现和收获补充进去。至 64 岁时，许慎才最后定稿，将《说文解字》献于朝廷。

此后，许慎就在家乡及附近村庄授经教书。

许慎坚持文字发展的观念，认为文字从起源到汉代通行的隶书，经过了很长的一个发展时期，在此期间，文字经历了从战国古文到秦代小篆，再到汉代隶书的形体变化，反驳了今文经学家认为汉代的隶书就是古人造字时的字形的僵化观念。

《说文解字》是中国第一部分析字形、辨识声读和解说字义的字典。字典中收汉字9353个，重字1163个，共10506字，均按540个部首进行排列，开创了部首检字的先河。并以“六书”进行字形分析，比较系统地建立了分析文字的理论；同时保存了大部分先秦字体和汉代的文字训诂，反映了上古汉语词汇的面貌。

许慎细致地分析了上万个汉字形体，认为圣人创作经书都不是凭空产生的，是有依据可循的，因此坚持从实际材料出发，以历代传承下来的文献和通人之说来证明文字的形、音、义，以此来解释经义，从根本上反驳了今文经学家随意解释经义，阐发微言大义，标新立异的做法。

许慎历几十年时间编撰了世界上第一部字典《说文解字》，使中华汉字的形、音、义趋于规范和统一。研究《说文解字》的人，皆称许慎为“许君”，称《说文解字》为“许书”，称其学为“许学” 。许慎对文字学做出的不朽贡献，后人比之为传说中造字的仓颉，亦尊之为“字圣”。

许慎严谨科学专注的治学精神，永为学人楷模！

许慎所著《说文解字》原本到唐朝时已经失传，因后人对“许学”有不少研究使得其书得以留存。其中南唐徐锴《说文解字系传》40卷比较著名。到清代研究人员更多，而段玉裁《说文解字注》一枝独秀，比较流行。

※后人评价

南朝·范晔《后汉书》：斯文未陵，亦各有承。涂分流别，专门并兴。精疏殊会，通阂相征。千载不作，渊原谁澄？

清·段玉裁《说文解字注》：令所有之字，分别其部为五百四十。每部各建一首，而同首者则曰“凡某之属皆从某”，于是形立而音义易明。凡字必有所属之首，五百四十字可以统摄天下古今之字。此前古未有之书，许君之所独创。

清·黄侃《文字声韵学笔记》：许君说字，皆有征信，经典之有征者，则征之经典，经典之无征者，更访之通人；其有心知其意，无可取征者，则宁从盖阙，以避不敏。

清·曾国藩《题唐本说文木部应莫郘亭孝廉》：许书略存二百字，古镜一扫千年尘。篆文已与流俗殊，解说尤令耳目新。乾嘉老儒耽苍雅，东南严段并绝伦。

郑　玄（训诂学家）

皓首穷经集大成，辞书每见郑玄声。

尊师重道从公义，天下后生皆学生。

郑玄（127—200 年），字康成，东汉北海高密（今山东省高密市）人，经学大师。

郑玄出身农家。自幼天资聪颖，喜读书。八九岁精通算术，十二三岁时能诵读和讲述《诗》《书》《易》《礼记》《春秋》五经。还喜欢天文学，掌握了“占候”“风角”“隐术”等一些以气象、风向的变化而推测吉凶的方术。16 岁时，不但精通儒家经典，详熟古代典制，而且通晓谶纬方术之学，又能写得一手好文章，在当地声名远播，被大家称为神童。

郑玄 18 岁时，为生计充任乡啬夫之职，晋级而为乡佐。逢太守杜密赏识调到北海郡为吏录，不久辞职，入太学授业。郑玄师从第五元，先后学了《京氏易》《公羊春秋》《三统历》《九章算术》等，俱达到了通晓的程度。又从东郡张恭祖学习了《周官》《礼记》《左氏春秋》《韩诗》《古文尚书》等书。再从陈球受业，学习了《律令》。在此期间，还游学于幽、并、兖、豫各州，遍访名儒，转益多师。到了而立之年后，郑玄已经成了一名有着较深造诣的经学家。后西入关中拜马融为师，学习了 7 年，辞别老师回山东故里。马融对弟子们说：“郑生今去，吾道东矣！”

郑玄回乡时已经是全国著名的精通今古文经学的大师，闻风来拜学的人成百上千。而郑玄因家中不宽裕，还须一边耕种一边教书。

郑玄45岁时因党锢之祸受杜密牵连被禁锢，到58岁被赦免。期间14年，注释与著书“几百万言”，创立了“郑学”，并逐渐成为天下所宗的儒学大师。如郑玄所注的古文经学费氏《易》流行，而今文经的施、孟、梁邱三家《易》便废止了；郑注《古文尚书》流传，而今文经的欧阳与大、小夏侯三家《尚书》便散失了；郑玄笺注了古文经的《毛诗》，而今文经的齐、鲁、韩三家的《诗》也就不显了。

郑玄治学以古文经学为主，兼采今文经学。遍注经典。注有《周易注》《古文尚书注》《孝经注》《论语注》《毛诗传笺》；还曾注《春秋左氏传》，未成，送予学者服虔，遂有《春秋服氏注》。郑玄还著有《天文七政论》《中候》等书。其注释中最大的功绩是编辑注释了“三礼”（《周礼》《仪礼》《礼记》）。据清儒郑珍考证，郑玄的著述共约有60种之多。其注释，在校雠学、训诂学、古音韵学、词汇学等方面既囊括前人之成就而又做出了新的贡献。

郑玄在《戒子益恩书》中说，其致力于经学，是为了“述先圣之玄意，思整百家之不齐”。

郑玄以毕生精力整理古代文化遗产，使经学进入了一个“小统一时代”。

郑玄一生，不羡富贵荣华，专一读书著述，真学者本质。

《后汉书》本传总结郑玄的经学成就：“郑玄囊括大典，网罗众说，删裁繁诬，刊改漏失。自是学者略知所归。” 郑玄的政治思想主要是强调维护公义；教育思想主要是“尊师”和“重道”；在进行教学时，注意采取问难和启发的方式，因材施教。因而弟子遍布各地，从学者数万，极一时之盛。

建安三年（198年），献帝征郑玄为大司农——位列九卿的高官，给安车一乘，所过郡县，长吏送迎。郑玄在家拜受后，便乘安车至许昌，但马上又借口有病，请求告老还乡。虽然未到任就职。世人仍然称其为“郑司农”。

唐贞观年间，列郑玄于二十二“先师”之列，配享孔庙。宋代被追封为高密伯。后人建有郑公祠以纪念。

※后人评价

汉末·华歆《请叙郑小同表》：伏见故汉大司农北海郑玄，当时之学，名冠华夏，为世儒宗。

南朝·范晔：郑玄括囊大典，网罗众家，删裁繁诬，刊改漏失，自是学者略知所归。王父豫章君（范宁）每考先儒经训，而长于玄，常以为仲尼之门不能过也。及传授生徒，并专以郑氏家法云。

许　逊(净明道尊)

富贵谁人祈万寿，当知运命属天年。

生民有难君能解，故尔宫祠祭许仙。

许逊(239—374年)，字敬之，晋代江西南昌县人，祖籍汝南(今河南省许昌市)。晋代著名道士，道教净明派祖师，后人尊称许天师、许真君。

许逊父许肃于东汉末年避战乱，率家从河南许昌迁居南昌县益塘坡(今麻丘乡)，在这里生下许逊。许逊赋性聪颖，博通经史、天文、地理、医学、阴阳五行等学说，尤其爱好道家修炼法术。据道书记载，许逊年少时一次入山射猎，射中一母鹿，鹿胎堕地，母鹿舔其崽而死。许逊怆然感悟，折弩而归，始栖托西山金氏之宅修道。又听说丁义神方的术士吴猛（古代二十四孝之一)在豫章(今江西省南昌市)传道，于是拜吴猛为师，学习三清法要，尽得秘传。平日以孝、悌、忠、信教化乡里，深为乡人尊敬。

许逊20岁时被举为孝廉，而屡荐不就。36岁时与文学家郭璞结伴遍访名山胜地，最后选择南昌西郊的逍遥山(今新建西山乡)隐居，只求修炼，不愿为仕。至42岁时再次举孝廉，因朝廷屡加礼命，难于推辞，才前往四川就任旌阳县令。

许逊到了旌阳，去贪鄙，减刑罚，倡仁孝，近贤远奸，实行了许多利国济民措施。有一年，旌阳大水为患，位于低处的田颗粒无收，许逊让大批农民到官府田里耕种，以工代税，使灾民获得解救。并组织民众治理了水患。当时瘟疫流行，许逊便用自己学得的药方救治，药到病除，人民感激涕零，敬如父母。那时旌阳传唱一首民谣“人无盗窃，吏无奸欺，我君活人，病无能为”盛赞许逊的功德。邻县民众纷纷前来归附，因此旌阳人户大增。许逊在旌阳10年，治贪惩恶扬善，治水治病，发展生产，居官清廉，政绩卓著，被人们称为“许旌阳”。

许逊52岁时，料知晋室将有大乱，国事不可为，遂挂冠东归。启程时，送者蔽野。其后，有的人为其建生祠、画神像，终年祭祀；有的千里跟随来到南昌西山，聚族而居，与许逊为伴，并都改姓许，人称“许家营”。

许逊东归后，时逢彭蠡湖（今鄱阳湖）蛟龙为害，水灾连年。许逊率领众弟子，足迹踏遍湖区各地治理水患。后不仅在豫章治水，还到湖南、湖北、福建等地消除水患，在江南地区留下了斩蛟龙治水的传说，赢得人民的广泛尊崇。80岁后，许逊隐居南昌南郊梅仙祠旧址，办道院，名太极观，额曰“净明真境”，创立净明道派，其宗旨为“净明忠孝”。传说许逊活到136岁，合家42人一齐飞天成仙，世人尊奉之为“许仙”。

许逊是位治政、治水、治疫皆有成就的古贤。

※后世纪念

东晋朝廷为了表彰许逊的功德，将旌阳县改名德阳县。后人在其居住地江西新建县西山建起“许仙祠”（后名“游帷观”），在南昌市铁柱宫建旌阳祠，祭拜者络绎不绝。历代王朝都有赐匾表彰。至宋代更盛，将西山游帷观升格为玉隆宫，宋真宗亲笔题名为“玉隆万寿宫”。西山万寿宫宏伟壮观，为宋代著名道观。曾巩知洪州（南昌市）时，修复市区旌阳祠，请王安石作《许旌阳祠记》。明清之际，江西经济商贸发达，江西人至省外建万寿宫，同时作为商会会馆。江南各地至江北先后也都建立纪念许逊的宫祠，并延伸至国外，国内外万寿宫累计千余座。

慧 能（禅宗六祖）

求法慧能经苦劳，持家南岭赖柴刀。

身贫愈发心中志，识出磨难见性高。

慧能（638—713 年），俗姓卢氏，唐代岭南新州（今广东省云浮市新兴县）人。佛教禅宗祖师，得黄梅五祖弘忍传授衣钵，继承东山法门，为禅宗第六祖。唐中宗追谥大鉴禅师，是中国历史上有重大影响的佛教高僧之一。

慧能父亲原在范阳（今北京附近的河北省涿州市）做官，被贬，流放到新州。慧能幼年时父亲去世，后母子移居南海（广州），以卖柴维持生活。慧能在校读书时短，而悟性极高，一次听人诵《金刚经》即有所领悟。得知湖北黄梅凭墓山弘忍大师（五祖）佛法高深，于是赶赴黄梅，被派在碓房里踏碓，边劳作边修持。后因作一偈，即“菩提本无树，明镜亦非台，本来无一物，何处惹尘埃”，得到弘忍赏识，便在夜间唤其进房为其说法，付法传衣，令其继承祖位。

慧能受法南归，5 年遁迹，刻苦修持，终于因缘成熟，到广州法性寺（今光孝寺）落发出家，时年 30 岁。慧能弘法伊始，便以“直指人心，见性成佛”的顿悟禅，为岭南佛教带来了一股清新气息。次年春，慧能去绍州曹溪山（位于今广东省韶关市曲江区）宝林寺（今南华禅寺），成为曹溪宝林寺的主持者。刺史韦据等到曹溪宝林寺，礼请慧能出山，在城内的大梵寺说法，学众千余人。慧能讲述摩诃般若波罗蜜，授"无相戒"——《坛经》的主体部分。《坛经》后来经过不少的增损，但慧能顿悟教的内容、特色，及其渊源，仍可依此而有所了解。

慧能主持的曹溪山佛教，不只是"见性成佛"，而且是"直指心传"。修行不用念佛、净心等形式，为学法者大开了方便之门。慧能"说摩诃般若波罗蜜法，受无相戒"，直截了当指出"众生本性，念念不住"；"性起念，虽即见闻觉知，不染万境而常自在"，要学者直从自己身心去悟入自性——"见性"。这样将东山门下的密授公开了，师父"直指""直示"，弟子"直了""直入"。慧能凭自身的深彻悟入和善识根机（即菩萨再来），教导学者直下去顿见真如本性。于此，曹溪禅风焕然一新，受教者甚众。

慧能在岭南弘法德化，不但百越氏族（当时含浙东、闽、粤、越南等地），连印度，南洋群岛，都远来礼敬请益。慧能弘化于岭南，对边区文化的启迪，海国远人的向慕，都有所贡献。所以王维称誉，说"实助皇王之化"。于是引起了皇室的尊重，武则天多次派人前往韶州礼请惠能，慧能均托病未去。慧能一直保持了自达摩禅以来历代祖师山林修持的佛教本色。

安史乱事之后，唐德宗贞元十二年（796年），慧能被钦定为佛教第六祖。

※后人评说

唐·王维《六祖能禅师碑铭》：鼓枻海师，不知菩提之行；散花天女，能变声闻之身。则知法本不生，因心起见，见无可取，法则常如。世之至人，有证于此。得无漏，不尽漏，度有为，非无为者，其惟我曹溪禅师乎！

唐·柳宗元《曹溪第六祖赐谥大鉴禅师碑》：其道以无为为有，以空洞为实，以广大不荡为归。其教人始以性善，终以性善，不假耘锄，本其静矣……其说具在，今布天下，凡言禅，皆本曹溪。

唐·刘禹锡《曹溪第六祖大鉴禅师第二碑》：至人之生，无有种类。同人者形，出人者智。蠢蠢南裔，降生杰异。父乾母坤，独肖元气。一言顿悟，不践初地。五师相承，授以宝器。宴坐曹溪，世号南宗。学徒爰来，如水之东。……我立真筌，揭起南国。无修而修，无得而得。能使学者，还其天识。 如黑而迷，仰见斗极。得之自然，竟不可传。口传手付，则碍于有。留衣空堂，得者天授。

鉴　真(佛教律宗)

传法扶桑助友邻，风惊浪险万千辛。

律宗文父双高誉，漆像回乡此一人。

鉴真(688—763年)，俗姓淳于，广陵江阳(今江苏省扬州市)人，唐朝僧人，律宗南山宗传人，日本佛教南山律宗的开山祖师，著名医学家。

鉴真幼时家贫，14岁随父在扬州大云寺出家，21岁随师到洛阳、长安，屡从名师受教。鉴真不拘泥于门派之见，广览群书，遍访高僧，除佛经之外，在建筑、绘画，尤其是医学方面，都具有了一定的造诣。开元元年(713年)鉴真26岁时，已精通佛教律宗学说，回到扬州，任扬州大明寺主持。54岁成为当地佛教领袖——大明寺方丈，受其传戒者前后有4万余人。时人称“江淮之间，独为化主”。

开元二十一年(733年)日本遣僧人荣睿、普照随遣唐使来我国留学，遍访高僧，后延请鉴真去日传戒。当时，大明寺众僧“默然无应”，唯有鉴真表示“是为法事也，何惜身命”，决意东渡。

因没有出国证明，54岁的鉴真和弟子祥彦、道兴等第1次秘密筹划东渡，失败。后继续，十几年间从未停止。由于海上风浪、触礁、沉船以及某些地方官员阻挠等原因，鉴真的数次东渡均告失败。尤其是第5次遭到恶风怒涛的袭击，在海上漂了14天，淡水用尽，食物难以下咽，人发热昏迷，最后漂到海南岛的振州(今崖县)。在返途中,已 62 岁的鉴真大师突发眼疾,双目失明;又大弟子祥彦圆寂;代表日本政府邀请的僧人也病故了。这些给鉴真东渡予沉重的打击。但鉴真东渡弘法之志从未动摇。

天宝十二载(753 年),66 岁的鉴真率弟子 40 余人第 6 次启程渡海,同年在日本萨秋妻屋浦(今九州南部鹿儿岛大字秋月浦)登岸,于次年入日本首都平城京(现日本奈良),受到日本朝野僧俗的盛大欢迎。鉴真在日本辛勤弘法 10 年,教授了众多弟子。同时传播了唐代多方面的文化成就,被日本人民誉为"文化之父""律宗之祖"。此后,日本律仪渐渐严整,师师相传,遍于岛屿。

律宗出现于唐初,与佛教的其他宗派如天台、法相、华严、密、禅等同为著名的佛教派别。律宗是以戒律为立宗原则,重视从内心巩固和发展"止恶兴善"的作用,内部又分为南山、相部、东塔等派别。鉴真研究的是以南山律宗为主的一派。但鉴真不拘泥于一宗一派,而是广取佛教各家之长,融合形成了独立的见解。并且对其他方面的知识也广泛涉猎和研究,如五明之学(声明、工巧明、医方明、因明、内明),即涉及语言文字、工艺技术、医药、思辨逻辑等方面的知识,对建筑、医药等有很高的造诣。这些文化知识,对日本产生了重大影响。

日本聘请大唐高僧的主要原因,是为了学习唐朝佛教制度,即实行受戒制度,由著名佛师主持仪式,通过考核确定受戒资格的办法,改变日本僧人"自度"和"私度"的现状,以避免人民为躲避赋税和逃避兵役而进寺为僧。而当时日本缺少名僧不能主持受戒仪式,故而派日本僧人荣睿、普照来到中国,一边学习,一边寻访名僧,历经 10 年,选定鉴真。

鉴真不仅为日本带去了佛经,还促进了中国文化向日本的流传。在佛学、医药、建筑雕塑、书法等方面,鉴真对于日本有极其深远的影响。

鉴真是我国第一位到日本开创佛教律宗的大师，当时日本天皇、皇后、皇太子和其他高级官员都接受了鉴真的三师七证授戒法，皈依佛门弟子。唐乾元二年(759年)，鉴真在奈良效区创建招提寺，并著有《戒律三部经》刻印流传，这是日本印板之开端。

鉴真通晓医学，精通本草，把我国中药鉴别、炮制、配方、收藏、应用等技术带到了日本，并传授医学，热忱为患者治病。至德元年(756年)，鉴真及弟子法荣治愈圣武天皇病，当时鉴真虽已双目失明，只能以口尝、鼻嗅、手摸来鉴别药物真伪，而辨之无误，因之在日本医药界享有崇高的地位和威望，人称为“汉方医药始祖”，日本之“神龙”。日本医史学家富士川游在《日本医学史》中指出：“日本古代名医虽多，得祀像者，仅鉴真与田代三喜二人而已。”

鉴真于唐广德二年(764年，即日本天平宝字七年)5月6日圆寂。葬于日本下野药师寺，立塔方形，正面题“鉴真大和尚”5字。《日本国见在书目》中，著录有《鉴上人秘方一卷》，又作《鉴真秘方》，其书久佚，佚文可以在《医心方》中考见。

※后世纪念

列于奈良唐招提寺的鉴真干漆像是日本“国宝”，1年之内，开放的时间只有3天。1980年4月，日本将奈良唐招提寺鉴真干漆像运回到故乡扬州，30多万人争睹大师漆像。

张　载（哲学家）

横渠四句重千金，震荡书生万里心。

关学精神标范例，立身天地树清阴。

张载（1020—1077 年），字子厚，北宋凤翔郿县（今陕西省宝鸡市眉县）横渠镇人，人称“横渠先生”，哲学家、教育家，理学分支——关学创始人。后人尊称为张子。

张载出生于长安（今陕西省西安市），其名出自《周易·坤卦》“厚德载物”。从小天资聪明，少年丧父，成熟较早。21 岁时，写成《边议九条》，得范仲淹赏识，言其学儒可成大器。张载回家刻苦攻读《中庸》，不甚满意，遍读儒、佛、道诸家，终于悟出了儒、佛、道三体系之互补、关联的道理，建立起一种新的学说体系——关学（边缘学）。

“关学”，以《易》为宗，以《中庸》为体，以《礼》为用，以孔、孟为法。提出了以“气”为本的宇宙论和本体论哲学思想。认为宇宙的构成主要分为 3 个层次：太虚，气，万物。太虚造气，气造万物，三者是同一实体的不同状态，它们之间的关系是相辅相成的。这是一种“气”一元论的唯物论之本体论，是中国古代朴素唯物论哲学发展的一个里程碑。

与一般理学的学派不同，关学特别强调“通经致用”，躬行礼教，注重研究法律、兵法、天文、医学等有益社会民生之知识。

张载做学问不满足于圣贤所言和典籍结论，而是穷极至理，立志继往开来，创立有为于世的新学。“为天地立心，为生民立命，为往圣继绝学，为万世开太平。”集中表现了其志气，表达了其强烈的社会责任感和历史使命感，被后人称之“横渠四句”。

张载对后世影响大的观念有“太虚即气”之唯物发展观。认为“太虚无形，气之本体”，气有聚散而无生天，气聚则有形而见形成万物，气散则无形可见化为太虚。认为宇宙是一个无始无终的过程，在这个过程中充满浮与沉、升与降、动与静等矛盾的对立运动。

“两与一”之事物对立依存观念。把事物的矛盾变化概括为“两与一”的关系，“两不立则一不可见，一不可见则两之用息。”认为两与一互相联系、互相依存，“有两则有一”，“若一则有两”。

“德性之知”之认知观念。认为人不能停留在“见闻之知”上，应当进一步通过道德修养去扩充认识能力，“大其心则能体天下之物”。

“民胞物与”之说。认为：“乾称父，坤称母……民，吾同胞；物，无与也。”人类是我的同胞，万物是我的朋友，人、物同性——阐述了人与自然的关系。

“仇必和而解”说。认为：“有象斯有对，对必反其为；有反斯有仇，仇必和而解。”——反映了斗争、统一的观念。

张载哲学思想的内容十分丰富，对中国哲学史和关中思想文化史的贡献是多方面的。张载在中国学术思想发展史上占有突出的地位，并对11世纪后的哲学思想发展产生了积极的影响。

张载无穷的探讨精神，深邃的思想观点，包容的平和心胸值得景仰！其学说对人与自然、社会和谐、时局把握、科学发展诸方面均有理论指导作用。

嘉祐二年（1057年），38岁的张载进士登第，先后任祁州（今河北省安国市）司法参军、云岩（今陕西省延安市宜川县境内）县令、签书渭州（今甘肃省平凉市）军事判官等职。在作云岩县令时，以“敦本善俗”为先，推行德政。后被任命为崇文院校书，同知太常（礼部副职）等职。

张载一生，两被召晋，三历外仕，著书立说，终身清贫，殁后贫无以殓。在长安的学生闻讯赶来，才得以买棺成殓，护柩回到横渠。翰林院学士许诠等奏明朝廷，乞加赠恤。神宗下诏按崇文院三馆之职，赐丧事支出半数，谥号横渠先生，尊称张子。南宋谥“明公”，赐封郿伯，封先贤，从祀孔庙。

张载与周敦颐、邵雍、程颐、程颢合称“北宋五子”。有《正蒙》《横渠易说》等著述留世。而张载文章言简意赅，历代传颂不衰。其名言如：

无不知则无知，有不知则有知。

万物皆有理，若不知穷理，如梦过一生。

朱 熹（理学家）

传承正统明官学，选著先秦喻世声。

侍讲当时遭罢免，亦留身后大儒名。

朱熹（1130—1200 年），字元晦，号晦庵，祖籍徽州府婺源县（今属江西省上饶市婺源县），生于南剑州尤溪（今福建省三明市尤溪县）。宋朝著名的理学家、哲学家、教育家、诗人，儒学集大成者，世人尊称为朱子。

朱熹 5 岁入小学读《孝经》，14 岁父亲病逝，临终前把朱熹托付给崇安（今福建省武夷山市）好友刘子羽（朱熹义父），刘子羽视朱熹如己出，在其舍旁筑室安置朱熹一家，名曰紫阳楼。

朱熹 18 岁，在建州乡试中考取贡生。同年 3 月科举中榜，赐同进士出身。22 岁时，朱熹再次入都铨试中等，授左迪功郎、泉州同安县主簿，而他不求仕进，主要进行教育和著述活动。34 岁时，朱熹应诏入对垂拱殿，向宋孝宗面奏三札：一札论正心诚意、格物致知之学，反对老、佛异端之学；二札论外攘夷狄之复仇大义，反对和议；三札论内修政事之道，反对宠信佞臣。然而朱熹的抗金主张没有被采纳。11 月，朝廷任朱熹为国子监武学博士。朱熹辞职不就，请归崇安。

46 岁时，朱熹、吕祖谦至信州鹅湖寺（今鹅湖书院），和陆九龄、陆九渊及刘清之聚会，史称“鹅湖之会”。朱熹与陆氏兄弟论辩、讲学达 10 日之久。虽没有达到双方统一认识的目的，但使他们各自对对方的思想及其分歧有了进一步认识，也促使双方对自己的思想进行重新反思。

49 岁时，朱熹知南康军，修复白鹿洞书院，延请名师，充实图书，置办学田，供养贫穷学子。还请皇帝敕额，赐御书。并亲自订立学规，即著名的《白鹿洞书院教规》，对教育目的、训练纲目、学习程序及修己治人的道理，都一一做了明确的阐述和详细的规定，它不仅成为后续中国封建社会 700 年书院办学的模式，而且为世界教育界瞩目，成为国内外教育家研究教育制度的重要课题。

后提举浙东常平茶盐公事。为解救灾民，朱熹曾先后 6 次上状奏劾唐仲友不法，直指王淮与唐仲友上下串通勾结的事实。迫于压力，王淮被免去唐仲友江西提刑新任，在弹劾唐仲友的过程中，朱熹表现出崇高的操守和气节。

52 岁时，朱熹将《大学章句》《中庸章句》《论语集注》《孟子集注》四书合刊，经学史上的"四书"之名第一次出现。之后，朱熹仍呕心沥血地修改《四书集注》，直至临终前一天。

朱熹将《四书》定为封建士子修身的准则，构成了一个完整的理学思想体系。元朝迄至明清，《四书集注》遂长期为历代封建王朝所垂青，作为治国之本，也作为人们思想行为的规范，成为封建科举的标准教科书。

54 岁的朱熹在武夷山九曲溪畔创建武夷精舍，潜心著书立说，广收门徒，聚众讲学。还曾到浙江，与陈亮展开义利王霸辩论，力陈浙学之非。

朱熹是一位著名的教育家，孜孜不倦地授徒讲学。提出读书法"六条"，即：循序渐进，熟读精思，虚心涵泳，切己体察，着紧用力，居敬持志。朱熹在任职地整顿县学、州学，亲手创办了同安县学、武夷精舍、考亭书院，重建了白鹿洞书院和岳麓书院，并且还亲自制定了学规，编撰了"小学"和"大学"的教材。为封建国家培养了一大批知识分子，其中包括不少著名的学者，形成了自己的学派。朱熹无论在教育思想或教育实践上，都取得了重大的成就。

朱熹一生著述颇丰，现存著作共 25 种，600 余卷，含《文集》《续集》《别集》《朱子语类》，总字数在 2000 万字左右。主要有《周易本义》《启蒙》《蓍卦考误》《诗集传》《大学中庸章句》《四书或问》《论语集注》《孟子集注》《太极图说解》《通书解》《西铭解》《楚辞集注辩正》《韩文考异》《参同契考异》《孝经刊误》《小学书》《通鉴纲目》《宋名臣言行录》《家礼》《近思录》《河南程氏遗书》《伊洛渊源录》等。

61岁时，朱熹赴任漳州，在漳州施政变革，主要体现在正经界、蠲(免)横赋、敦风俗、播儒教和劾奸吏等方面。后又临危受命，除知潭州(今长沙市)、荆湖南路安抚，瑶民。期间扩建了湖南长沙岳麓书院。65岁，朱熹除焕章阁待制兼侍讲，上札匡正君德以限制君权滥用，被罢去了待制兼侍讲之职，还居建阳。67岁时，"党禁"发生。朝廷权贵对理学清算，朱熹被斥之为"伪学魁首"，朱熹门下之徒遭严重打击。

朱熹历仕高宗、孝宗、光宗、宁宗四朝，为官正直有气节，为理为文有大成。死后，谥曰"文"，赠中大夫，特赠宝谟阁直学士。后再赠太师，追封信国公，改徽国公。

理学又称道学，是以研究儒家经典的义理为宗旨的学说，即所谓义理之学。在宋朝，在理学学术上造诣最深、影响最大的是朱熹，其学说在元明清被尊奉为官学。

朱熹有诗传世：

《劝学诗》

少年易老学难成，一寸光阴不可轻。
未觉池塘春草梦，阶前梧叶已秋声。

《观书有感二首之一》

半亩方塘一鉴开，天光云影共徘徊。
问渠那得清如许？为有源头活水来。

※后人评说

南宋·陆游《祭朱元晦侍讲文》：某有捐百身起九原之心，有倾长河注东海之泪。路修齿髦，神往形留。公殁不亡，尚其来飨。

清·康熙《朱子全书序》：集大成而绪千百年绝传之学，开愚蒙而立亿万世一定之规。

科技类名家

女　娲（生态之祖）

闻说天崩地裂时，生民无计尽流离。

女神熔石补亏缺，首创九州生态诗。

女娲（生卒年不详），传说风姓，又称娲皇、女娲娘娘，史记中称女娲氏。华夏民族人文先祖。

女娲最大的功绩是补天治水。据《淮南子·览冥篇》："往古之时，四极废，九州裂，天不兼覆，地不周载，火爁炎而不灭，水浩洋而不息，猛兽食颛民（百姓），鸷鸟攫老弱。于是女娲炼五色石以补苍天，断鳌足以立四极，杀黑龙以济冀州，积芦灰以止淫水。苍天补，四极正，淫水涸，冀州平，狡虫死，颛民生。"

这次灾难发生的原因据《山海经·西山经》记载，是水神共工与火神祝融争战，共工败而怒触不周山——撑天之柱，造成天柱折断，山体崩塌，大地向东南倾斜，海水向陆地上倒灌。人类面临着灭绝之灾，是女娲带领先民艰苦努力，使大自然恢复了正常生态，人类得于生存延续。

女娲补天的传说所折射出来的，应该是母系氏族社会时的人类，在女性首领带领下，进行较大规模的治水抗灾的历史，反映了上古时代的华夏民族，在母系氏族社会阶段的农耕文明状态。

传说中女娲又为创世神，其创造的既包括自然万物，也包括人类社会。

造男女,“置婚姻,合夫妇”;制作瑟、笙、埙等乐器;造养家禽、家畜等。女娲是中华民族的母亲,是中华民族共同的人文始祖,其传说在中国各民族中流传最广,至今中国云南的苗族、侗族还将女娲作为本民族的始祖加以崇拜。

女娲的传说表现了母系社会时期女性的突出地位,那是以人口生产为主导的血缘社会。女娲和伏羲时代的先民,正处于母系氏族社会向父系氏族社会过渡的时期。这个时期的华夏民族,基本上是按母亲的世系进行传承的,所以在汉文古籍中有“只知其母,不知其父”之说。父系社会取代母系社会,主要是由于人口增多而进入以物资生产为其主导的物缘社会,物缘超出了血缘,男人作为劳动主力,地位上升。

人类历史发展过程中,从人口生产到物资生产,再到信息生产,三种社会生产形态,令男女的社会地位变化。信息社会则趋向男女平等。

女娲的创造智慧和救世精神一直激励着后人,《山海经》《淮南子》《楚辞》《风俗通义》《水经注》《独异志》《太平御览》等典籍均有记载。女娲的传说成为文人经常使用的典故。

※后世纪念

女娲的陵寝位于山西省临汾市洪洞县赵城镇东的侯村,同黄帝陵一样,也是中国古代皇帝祭奠的庙宇。当地在每年农历三月初十前后,均会举行长达 7 天的大型庙会和祭祀活动。

孙　阳(相马专家)

受命孙阳齐鲁行,殿前因有骥长鸣。
楚王若是轻才器,汗血盐车依旧情。

孙阳(约前680—前610年),春秋中期郜国(今山东菏泽市成武县)人,相马专家,人称“伯乐”(天上管理马匹之神)。

春秋时期随着生产力的发展和军事的需要,马的作用十分凸显(“马力”一词,后用于机器)。时人已按照马的使用将其分为6类,即:种马(繁殖用),戎马(军用),齐马(仪仗用),道马(驿用),田马(狩猎用),驽马(杂役用)。人们在生产生活和军事中离不开马,所以养马、相马(识别使用马)成了一门重要知识。孙阳就是在这样的历史条件下,选择了相马作为自己的事业。当时,前人相马类的经验著述还没出现,无可借鉴,孙阳只能靠自己摸索,通过深度观察、比较分析去寻找规律。

孙阳学习相马非常勤奋,《吕氏春秋·精通》记载说:“孙阳学相马,所见无非马者,诚乎马也。”相马进入了痴迷状态,不顾其他,眼里只看得到马。经过苦心积累,终于有所见识,有了名气,因此受楚王的委托,去购买能日行千里的骏马。孙阳历经千里,跑了几个国家,特到素以盛产名马闻名的燕赵一带,仔细寻访,还是没发现中意的良马。正在孙阳心情惆怅,准备回去回复楚王时,却柳暗花明,在从齐国返回的路上,看到一匹拉着盐车的马。这马很吃力地在陡坡上行进，每迈一步都十分艰难。孙阳走到马跟前，马见孙阳突然昂头瞪眼，大声嘶鸣，好像要倾诉什么。孙阳从其声音和神态中判断出，这是一匹难得的骏马，于是买下来，直奔楚国。

伯乐牵马来到楚王宫，拍拍马的脖颈说：“我给你找到了好主人。”千里马像明白伯乐的意思，抬起前蹄把地面震得咯咯作响，引颈长嘶，声音洪亮，如大钟石磬，直上云霄。楚王听到马嘶声，走出宫外。孙阳指着马说：“大王，千里马来了。”楚王一见这马瘦得不成样子，很是怀疑。孙阳解释是喂养和使用不当的原因，楚王听后命马夫尽心饲养。不久，瘦马变得精壮，楚王跨马扬鞭，瞬间已跑出百里之外。后来千里马为楚王驰骋沙场，立下不少汗马功劳。

胸有大志的孙阳，认识到在地面狭小的郜国难以有所作为，就离开了故土，寻找图强之国，最后西出潼关，到达秦国，成为秦穆公之臣。当时秦国为了对抗北方牧人剽悍的骑士，组建了自己的骑兵，故对养育马匹、选择良马非常重视。孙阳学当其用，在秦国富国强兵策略中以其卓著成绩得到秦王信赖，秦穆公以天上司马之神命之，封“伯乐将军”，让孙阳以监军少宰之职随军征战南北。孙阳还为秦国举荐了相马能人九方皋，传为历史佳话。

孙阳经过多年的实践和潜心研究，写成了我国历史上第一部相马学著作《伯乐相马经》，书中有图有文，图文并茂。《伯乐相马经》长期被相马者奉为经典，在隋唐时代影响较大。后虽失传，但其断简残篇在诸多有关文献中仍隐隐可见。《新唐书·艺文志》载有《伯乐相马经》一卷；唐中叶张鷟写的《朝野佥载》、明人张鼎思著《琅琊代醉编·伯乐子》和杨升庵著《艺林伐山》中均有大致相同的记载。

“伯乐”一词，后人常用于比喻能识别人才，并举荐人才的人。如战国宋玉《九辩》：“无伯乐之善相兮，今谁使乎誉之？”汉代韩婴《韩诗外传》卷七：“使骥不得伯乐，安得千里之足。”唐代韩愈《马说》：“世有伯乐，然后有千里马。千里马常有，而伯乐不常有。”

公输般（建筑学家）

巧匠能工自鲁班，行居器用解难关。

凡人借得神仙力，智慧长存岁月间。

公输般（约前 507—前 444 年），姬姓，公输氏，名般，春秋末至战国初鲁国（都城山东曲阜）人，人称鲁般，后人俗称鲁班（“般”与“班”同音，古时通用）。发明家，土木建筑祖师。又称公输子。

鲁班出身于世代工匠的家庭，从小就跟随家人参加土木建筑工程，掌握了生产劳动技能，积累了丰富的实践经验，并在实践中钻研思考，发明创造了许多新工具，新技术。据后代学者考查记载，木工使用的不少工具器械如曲尺（也叫矩或鲁班尺）、墨斗、刨子、钻子、锯子等工具都是鲁班发明的。这些木工工具的发明使当时工艺水平大大提高，沿用几千年，因此后世人们尊鲁班为中国土木工匠的始祖。

鲁班的发明不仅在建筑方面，在生产生活的多个方面也有创造创新，如粮食加工类的砻（去掉谷壳的工具）、石磨、碾子等，这些加工器械在当时是很先进的。还有打井、滑轮取水、风车、水车等发明，大大节省了人力，方便了生活。另外，还有雨伞的发明、钥匙的改进等。

在兵器方面的发明有“云梯”——攻城的设备。《墨子·公输》记载“公输盘为楚造云梯之械”。还有“ 钩强”，也称“钩拒”，古代水战用的争战工具，可钩住或阻碍敌方战船。《墨子·鲁问》:“公输子自鲁南游楚,焉始为舟战之器,作为钩强之备,退者钩之,进者强之,量其钩强之长,而制为之兵。”

鲁班还发明了雕刻技术。《述异记》记鲁班曾在石头上刻制出“九州图”,这大概是最早的石刻地图。此外,还传说鲁班刻制过精巧的石头凤凰及木竹等装饰物。

鲁班的发明多以实物形态流传,其操作经验主要来自历代匠师言传身教,薪火相传。匠师亲自著述的书面文字稀少,正史也很少记载,宋初木工喻皓曾作《木经》,但早已失传,只有少量片段保存在沈括的《梦溪笔谈》里。唯独明代的《鲁班经》是流传至今的一部民间木工行业的专用书,明清建筑以及装修、家具等保存了许多与《鲁班经》的记载吻合或相近的实物。

※后世纪念

鲁班纪念馆,位于山东滕州龙泉广场,设有圣祖堂、公祭大厅、木工器械馆、石器馆、兵器馆、建筑厅、舟桥厅等。

鲁班奖,为纪念这位古代建筑巨匠,今有“中国建筑工程鲁班奖”(国家优质工程),每年评选一次。

扁　鹊（中医祖师）

表象虽同里不同，望闻问切祖师通。

行医济世除民疾，难治人间妒嫉风。

扁鹊（约前407—前310年），姬姓，秦氏，名越人，又号卢医，卢国（渤海郡，诸侯小国，今河北任丘市）人。春秋战国时期名医。创“望闻问切”中医的四诊法，开启了中医学的先河。人称扁鹊。

《史记·扁鹊列传》记载，扁鹊年轻时做人家客馆的主管，有个叫长桑君的客人经常到客馆来，扁鹊认为他是一个奇人，时常恭敬地对待。这样过了10多年，长桑君非常信任扁鹊，就把自己珍藏多年的医疗秘方拿出全部给了扁鹊，扁鹊于是转为学医。经过实践，逐渐成为能治疗多种疾病的名医。于是怀着救世济民之心，辗转诸国，为人治病。

扁鹊治病入乡随俗，到赵国邯郸时，闻知当地人尊重妇女，就做治疗妇科病的医生；到洛阳时，闻知周人敬爱老人，就做专治耳聋眼花四肢痹痛的医生；到了咸阳，闻知秦人喜爱孩子，就做治小孩疾病的医生。扁鹊会随着各地的习俗来确定自己的主治范围。

后来，扁鹊能从表象（面容神态和脉象）看到里象，通过“望闻问切”来确定病情，以对症下药。扁鹊在蔡国三见桓公，指出桓公有病，而桓公自认为没病,不治疗。因此病由表及里,由肌肤到血脉再到肠胃,最后病到了骨髓,无法可治,留下了"讳疾忌医"和"病入膏肓"的成语故事。

扁鹊以高超的医术治病救人,被世人神化,当时的人们借用了上古神话传说中黄帝时的神医"扁鹊"的名号称之。后来,扁鹊在秦国,治好了秦武王,受到太医李醯妒忌,被害。

扁鹊在诊视疾病中,已经应用了中医全面的诊断技术,即后来中医总结的四诊法:"望",指观气色;"闻",指听声息;"问",指询问症状;"切",指摸脉象。当时扁鹊称之为望色、听声、写影和切脉。这些诊断技术,充分地体现在史书所记载的一些扁鹊治病的案例中。

扁鹊在医疗生涯中,不仅表现出高超的诊断和治疗水平,还表现出高尚的医德,其治病不分贵贱,但尽力而为。《史记》中记载扁鹊有"六不治":"骄恣不论于理,一不治也;轻身重财,二不治也;衣食不能适,三不治也;阴阳并,脏气不定,四不治也;形羸不能服药,五不治也;信巫不信医,六不治也。"

扁鹊曾经编著《扁鹊内经》9卷和《扁鹊外经》12卷,可惜均已失传。但扁鹊在总结前人医疗实践的基础上总结出的诊断治疗方法,无保留地传授给了弟子子阳、子豹、子越等人,并一直流传至今。

※后世纪念

扁鹊庙,又称鹊山祠,位于河北省邢台市内丘县。史书记载:赵简子为答谢扁鹊治病之功,将中丘(今邢台内丘)蓬山一带4万亩土地赐封给扁鹊,扁鹊遂将此作为行医采药之地。

李　冰(水利专家)

深淘低堰诀如金，分水飞沙妙古今。

百里平川天府国，民心润泽润诗心。

李冰(约前302年—前235年)，出生地有山西、陕西说，战国时代著名的水利工程专家。建都江堰。

李冰熟知天文地理，公元前256年至前251年被秦昭王任为蜀郡(今成都一带)太守。期间，在岷江流域兴修了许多水利工程，其中和儿子李二郎一同主持修建的都江堰是闻名世界的大工程，其科学性、功效性最为著名。

都江堰是岷江中游的一项大工程。岷江从岷山发源，一路急流而下，到灌县地域进入平川，多雨季节雨水常常泛滥成灾。而西边遭受洪水肆虐的时候，东边却因缺水而受旱灾之苦。

李冰到任后，听取民众呼声，亲临实地考察，不久开始了都江堰工程的修建。工程从上游数起，主要有百丈堤、都江鱼嘴、内外金刚堤、飞沙堰、人字堤、宝瓶口，其中最重要的是都江鱼嘴、飞沙堰与宝瓶口3项。

都江鱼嘴的作用是分水，外流内灌。因为头部像鱼头，故称“分水鱼嘴”。鱼身是人工筑起的一条纵向的大堰，将上游流下来的江水分为内、外两股，堤左西面的为外江，是岷江的主流；堤右东面的为内江，是灌溉东面田地的总渠。这个分水鱼嘴和灵渠上的铧嘴、沱江官渠的平水梁很相似。

在急流中筑堤堰的技术,是一项发明。采用竹子编成的长 10 米、宽 0.6 米的特大竹笼装满大块的卵石沉入江底,才终于完成。

飞沙堰,作用是防涝排沙。为了避免洪水季节内江产生涝灾,修筑了飞沙堰,使内江的水位在达到一定高度后,江水会漫过堤堰而流入外江,确保内江整个灌区的安全。同时它与宝瓶口配合,能产生排沙作用。

飞沙堰的修筑方法与鱼嘴分水堰相同,也是竹笼填石法,这种简单实用的方法,在李冰之前的大型工程中尚未发现。

宝瓶口,劈山分流。这是整个都江堰工程重要环节,即将阻碍江水东流的玉垒山劈开,与都江鱼嘴、飞沙堰相连合,使得岷江在这里成功地实现分流。劈开石山,当时采用了火烧山岩、让岩山爆裂的方法,以提高工效。

相传李冰在工程完成后,制作了镇水神兽,以预知旱涝。即刻了三个石人,设置在都江堰工程区域中,从水淹没石人部位看水位高低预测旱涝。还制作过石犀,埋在内江中,作为每年治理时淘挖泥沙深度的标准。

在《华阳国志·蜀志》与《水经注·江水》等文献典籍中,还记载着李冰父子治理过管江、汶井江、洛水、绵水,以及建索桥、穿盐井等的事迹。

※后世纪念

李冰治水,令四川平原成天府之国,自汉朝开始,历代朝廷加以追封其为王为公。唐代开始,祭祀李冰的活动从民间活动升格为国家行为,纳入官方正式祭祀范围。百姓广建庙宇以纪念李冰。

纪念李冰及其子李二郎的灌县二王庙大殿有联:

六字炳千秋,十四县民命食天,尽是此公赐予;

万流归一汇,八百里青城沃野,都从太守得来。

深淘滩,低作堰,懿行昭垂,为准为则;

湾截角,正抽心,仪型作式,无颇无偏。

都江堰工程被列入世界文化遗产;2006 年, 都江堰放水节被列为国家级非物质文化遗产名录。李冰治水“深淘滩,低作堰”的六字名言,和“遇湾截角,逢正抽心”等理念,含道家“道法自然”“天人合一”的思想。这些理念,一直启发影响着后人。

郑　国(水利专家)

韩人献计欲疲秦，浩荡工程令国贫。

孰料渠成原野富，从来科技不违真。

郑国(生卒年不详)，战国时期韩国都城新郑(今河南省新郑市)人，韩国水工，水利专家。修建郑国渠，为关中地区的农业发展做出了重要贡献。

秦国至嬴政时国力强大，虎视东方。相邻于秦的韩国弱，公元前246年，韩桓惠王采取了一个“疲秦”策略，即派水工郑国为间谍入秦，游说秦国在泾水和洛水(北洛水、渭水支流)间，穿凿一条大型灌溉渠道，以利农业，目的是耗竭秦国实力。这策略被本来就想发展农业的秦国采纳，并立即征集大量的人力和物力，任命郑国主持设计兴建。开工后，因工程浩大，人力财力消耗极大，秦王察觉到韩国的疲劳战阴谋，欲杀郑国。郑国坦诚相告：“始，臣为间，然渠成，变秦之利也。臣为韩延数岁之命，而为秦建万世之功。”接着郑国详细分析了修渠意义，秦王嬴政认为有道理；同时，因秦国的水工技术比较落后，所以继续任用郑国主持修渠。经过10多年的努力，全渠完成。该渠被命名为郑国渠，以纪念郑国的功绩。

郑国渠是以泾水为源，灌溉渭水北面农田的水利工程。《史记·河渠书》《汉书·沟洫志》均有记载，它的渠首工程，东起中山，西到瓠口，都在泾县西北，隔着泾水，东西相望。这是一座有坝式的引水工程，现发现当年拦截泾水的大坝残余全长 2300 多米，底宽尚有 100 多米，可见当年这一工程之宏伟。渠道从渠首到注入洛河处，全长 300 公里，大致流经今泾阳、三原、高陵、富平、蒲城等县，灌溉土地面积 280 万亩，当时亩收一钟（合今 100 余公斤），因之关中之地成为沃野，大大增强了秦国实力，为秦统一六国奠定了物质基础。

郑国渠是中国古代著名的大型水利工程，作为主持此项工程的筹划设计者，郑国在施工中表现出杰出的智慧和才能。其创造了“横绝”技术，使渠道跨过冶峪河、清河等大小河流，把常流量拦入渠中，增加了水源；其利用横向环流，巧妙地解决了粗沙入渠，堵塞渠道的问题，表现了丰富的河流水文知识。据现代测量，郑国渠平均坡降为 0.64%，也反映出很高的测量技术水平。郑国的科学技术成就得到后世的一致认可。

郑国渠开历代引泾灌溉之先河，对后世引泾灌溉发生着深远的影响。秦以后，历代继续在这里完善其水利设施。先后历经汉代的白公渠、唐代的三白渠、宋代的丰利渠、元代的王御史渠、明代的广惠渠和通济渠、清代的龙洞渠等，历代渠道造福于民。当地建有引泾石碑林纪念，有民谣歌颂功绩，曰：“田于何所？池阳、谷口。郑国在前，白渠起后。举锸为云，决渠为雨。泾水一石，其泥数斗，且溉且粪（不仅灌溉，且带来肥料），长我禾黍。衣食京师，亿万之口。”

秦以后，郑国渠灌溉范围虽有缩小，但历代不绝，为关中地区的农业发展发挥着重要作用。当地有“郑国千秋业，百世功在农”的赞誉。

郑国渠工程之浩大、设计之合理、技术之先进、实效之显著，在我国古代水利史上少有，也是世界水利史上所罕见的。

2016 年，郑国渠申遗成功，成为陕西省第一处世界灌溉工程遗产。

史 禄(水利专家)

山石可由汗水溶，浮舟越岭赖神工。

灵渠接引天河浪，荡漾南疆华夏风。

史禄，出生年月和地点不详，据传是越人。《史记》载“监御史名禄”，其职位是秦代监察史(负责监督的官员)，其名为“禄”，后人称之为史禄。构建灵渠——世界上最早的船闸式运河，能翻岭，能爬坡，在水利建筑史上写下了浓墨重彩的一章。

公元前221年，秦始皇为了统一南方百越各部，发动了进军百越之战，命50万大军向百越进军。当部队进入湖南、广西交界的地段时，因陆路坎坷崎岖，水路湘江、漓江又不相通，给部队行军作战、粮饷补给带来一系列困难，秦始皇遂命史禄凿灵渠运粮，以便深入百越。

古代南方以水运为主，从来水往低处流。可是，湘江水位低而漓江水位高。使北水湘江翻坡进入南水漓江，这在人类史上还从来没有这样的先例。

史禄及其同僚，翻山越岭，察勘地形，反复对比，做出了铧堤、渠道、陡门、秦堤等工程方案。首先在湘江上游分水村河段作为分水点建“铧堤”(顶部前锐后钝，形如犁头，故名铧堤，高6米)，命人用巨石砌成一条约半里的人字堤，强把河水三七分流，三分经南渠流入漓水，七分经北渠引入湘江。铧堤分水后，形成了北渠和南渠。北渠在湘江故道河谷平原，迂回曲折，延长了一倍。这样，既延长了流程，减缓流速，便于通漕，又可以扩大湘江的灌溉面积。南渠经兴安城东北接灵水（广西），汇入漓江。接着开灵渠，长60多里，过岗穿隘，工程十分艰巨。流水通过了渠道，便进入了"陡门"。陡门工程是人类历史上的一大发明，其功能是提高水位，让舟楫由低向高浮渡。宋人记载："每舟入一陡门，则复闸之，俟水积而舟已渐进，故能循崖而上，建瓴而下，以通南北之舟楫。"这样，舟楫就可翻坡过岭，进入南方漓江。

灵渠是世界上最早的提水通航工程，是近代船闸的始祖。当时，没有任何准确的测量仪器，没有开挖机械，没有爆炸火药，只能用目测、步测的方法来决定地势的高低。只能用铁锥、铁钻来钻取石块，用锄、铲来开凿渠道。只能一次一次地探索，一次一次地目测，一次一次地搬运，完成这一构造完整的水利工程体系。史禄和其同僚功勋卓著。

史禄构建灵渠，解除了中原部队行军、补充粮饷的种种困难，加速了秦始皇统一百越的进程。而灵渠把长江水系（湘江）和珠江水系（漓江）连接起来，把中原和岭南连接了起来，其历史功绩是促进了中华各民族的交融。

灵渠改善了中原甚至北方与岭南的交通，促进了北方与南方的经济发展。中原、北方的金、银、铜、器皿、陶瓷、丝绸，经过这里进入岭南。岭南的南珠、象牙、犀角、玳瑁、翡翠、银铜矿产以及土特产，也通过这里远销全国各地。清人陈元龙在《重修灵渠石堤陡门记》中说："陡河虽小，实三楚两广之咽喉，行师馈粮，以及商贾货物之流通，唯此一水是赖。"

灵渠，把中原文化、华夏文明带给岭南，改变了岭南生产落后的现状，当时岭南有的地方甚至存在刀耕火种，猎事繁而农事少的状况。还促进了桂林府和西江流域的古苍梧文化教育的迅速发展。至唐代，广西出现了第一个状元,出现了一批进士。

史禄之后,历代相继修复灵渠,计有 24 次。人们为了纪念始凿灵渠者史禄和历代重修灵渠者的业绩,在灵渠旁为他们建立了“灵济庙”,后改称“四贤祠”,奉祀构建灵渠功绩最大的史禄,以及汉代马援,唐代李渤、鱼孟威。

华 佗（中医发明家）

疾疫相生战乱中，天灾频发庶民穷。

疗伤刮骨神医术，悬壶济世著高风。

华佗（？—208年），名旉，字元化，汉末沛国谯（今安徽省亳州市）人，医学家，与董奉、张仲景并称为“建安三神医”。

华佗生于汉末三国初，时军阀混乱，战争不已，水旱成灾，疫病流行，中华大地“出门无所见，白骨蔽平原”。年少的华佗目睹此状，无意仕途，立志学医，治病救人。青年时，在遍读前代典籍后，华佗出门四处游学，寻访高人，其足迹遍及大江南北。

华佗一边游学，一边为人治病，在实践中体悟病理与治理之术。当时黄疸病流传较广，华佗花了3年时间对茵陈蒿的药效做了反复试验，确定了用春三月的茵陈蒿嫩叶施治的方案，治愈了许多病人。民间因此而流传一首歌谣：“三月茵陈四月蒿，传于后人切记牢。三月茵陈能治病，四月青蒿当柴烧。”华佗还以温汤热敷，治疗蝎子蜇痛；用青苔炼膏，治疗马蜂螫后的肿痛；用蒜亩大酢（醋）治虫病；用紫苏治食鱼蟹中毒；用白前治咳嗽；用黄精补虚劳；等等，药方易得，收效显著。

华佗不但精通方药，而且在针术和灸法上的造诣也相当高。经过数10年的医疗实践，熟练地掌握了养生、方药、针灸和手术等治疗手段，精通内、外、妇、儿各科，临证施治，诊断精确，方法简捷，疗效神速，被誉为“神医”。从其治疗范围看，内科病有热性病、内脏病、精神病、肥胖病、寄生虫病；属于外、儿、妇科的疾病有外伤、肠痈、肿瘤、骨折、针误、忌乳、死胎、小儿泻痢等。

华佗的创造性凸显在外科手术中麻沸散的使用。经过走访良医，收集有麻醉作用的药物，多次不同配方的炮制，终于把麻醉药试制成功，开创了世界麻醉药物的先例。此医术比欧美 18 世纪的全身麻醉手术记录早 1600 余年。《世界药学史》指出阿拉伯人使用麻药可能是由中国传去，因为“中国名医华佗最精此术”。华佗首创用全身麻醉法施行外科手术，被后世尊之为“外科鼻祖”。

华佗还是中国古代医疗体育的创始人之一。其继承和发展了前人“圣人不治已病，治未病”的预防理论，编排了一套模仿猿、鹿、熊、虎、鸟等 5 种禽兽姿态的“五禽戏”，为人们健身之用，年老体弱者尤其有效。

华佗曾把自己丰富的医疗经验整理成一部医学著作，名曰《青囊经》。此籍虽然没能流传下来，但其培育了许多有作为的学生，如以针灸出名的樊阿，著有《吴普本草》的吴普，著有《本草经》的李当之等，分别把老师的经验部分地继承了下来。

华佗晚年因不服征召罪，致死。

华佗的成就，在于继承前人的学术成果。中国的医学到了春秋时代已经有辉煌的成就，其中扁鹊对于生理、病理的阐发是集历代之大成者，华佗的学说应当受扁鹊的学说影响较多。同时，华佗对同时代的张仲景学说，如《伤寒论》等也有深入的研究。华佗在广泛总结前人与当今医学经验的基础上，创立了新的学说，被誉为“外科圣手”“外科鼻祖”。后人把名医比之为“华佗再世”“元化重生”。

王安石《赠陈君景初》诗前 4 句“吾尝奇华佗，肠胃真割剖。神膏既傅之，顷刻活残朽”，以华佗之高技赞其好友兼良医陈景初。

※后世纪念

亳州华佗庙有联:汉献之时恨未医国;神农而后赖有传人。

扬州华佗庙联曰:

大儒以胞与为怀,小数得名,莫匪术耳;

汉室有心腹之患,神针莫救,岂非天哉。

黄道婆（纺织家）

女出贫家耐折磨，崖州学织践行多。
卅年成就归乡里，江浙咏传黄道婆。

黄道婆（约 1245—？年），又名黄婆或黄母，宋末元初松江府乌泥泾镇（今上海市徐汇区华泾镇）人。棉纺织家、技术改革家。

黄道婆出身贫苦家庭，十二三岁就被卖给人家当童养媳。白天下地干活，晚上纺纱织布直到深夜，还要遭受公婆、丈夫的虐待。尽管如此，黄道婆学习纺织技术的兴趣依然不减，当看到从闽广运来的棉布，色泽美观，质地紧密，后来又看到海南岛的黎族、云南彝族所生产的匹幅——长阔而洁白细密的“慢吉贝”，狭幅粗疏而色暗的“粗吉贝”等，不由得对那些地区心驰神往。

黄道婆 18 岁时，一次被丈夫打后关在了柴房。半夜，她从房顶逃了出来，躲进黄浦江边的海船中，跟随船来到海南岛南端的崖州。初，黄道婆以道观为家，后以聪明和勤奋得到当地姐妹关心，努力学习使用制棉工具和织崖州被的方法。当时崖州生产的黎单、黎饰、鞍塔很闻名，黄道婆虚心学习，又融合黎汉两族人民的纺织技术的长处，逐渐成为一个出色的纺织能手，在当地大有声誉。黄道婆在崖州生活 30 余年，与黎族人结下了深厚的情谊，因思念故乡，遂返回故土。

13世纪末,黄道婆回到了乌泥泾。此时,植棉业已经在长江流域大大普及,但纺织技术仍然很落后。黄道婆回来后,致力于改革家乡落后的棉纺织生产工具,根据自己几十年丰富的纺织经验,毫无保留地把自己精湛的织造技术传授给家乡人民。一边教家乡妇女学会黎族的棉纺织技术,一边又着手改革出一套赶、弹、纺、织的工具:去籽搅车,弹棉椎弓,三锭脚踏纺纱车等,推动了当地棉纺织业的迅速发展。

在纺纱工艺上,黄道婆创造的新式纺车大大提高了效益。当时松江一带使用的都是旧式单锭手摇纺车,功效很低,要三四个人纺纱才能供上一架织布机的需要。黄道婆同木工师傅一起,经过反复试验,把用于纺麻的脚踏纺车改成三锭棉纺车,使纺纱效率一下子提高了两三倍,在松江一带很快地推广开来。黄道婆除了在改革棉纺工具方面做出重要贡献以外,她还把从崖州学来的织造技术,结合自己的实践经验,总结成一套比较先进的"错纱、配色、综线、絜花"等织造技术,向人们传授。因此,当时乌泥泾出产的被、褥、带、帨等棉织物,上有折枝、团凤、棋局、字样等各种美丽的图案,鲜艳如画。一时"乌泥泾被"不胫而走,附近上海、太仓等地竞相仿效。这些纺织品远销各地,很受欢迎。松江一带很快就成为全国的棉织业中心,历几百年之久而不衰。16世纪初,当地农民织出的布,一天就有上万匹。18世纪乃至19世纪,松江布更远销欧美,获得了很高声誉。当时称松江布匹"衣被天下"。

元朝诗人曾热情地加以赞扬:"崖州布被五色缫,组雾紃云粲花草。片帆鲸海得风口,千轴乌径夺天造。"

※后世纪念

黄道婆死后,松江人感其恩德,为之立祠,岁时享祀。清代时,黄道贺被尊为"布业始祖"。今松江建有黄道婆纪念馆。

卓文君（文学家）

为逐真情月夜奔，抛开富贵入寒门。

当垆卖酒传佳话，知己生成爱侣魂。

卓文君（生卒年不详），原名文后，西汉时期蜀郡临邛（今四川省邛崃市）人，中国古代才女。

卓文君为四川临邛巨商卓王孙之女，姿色娇美，精通音律，善弹琴，有文名。卓文君不贪恋富贵不爱慕虚荣，大胆追求爱情，和司马相如的故事成为千古佳话。

卓文君16岁时嫁人，不久丈夫过世，返回娘家读书弹琴度日。当时，成都人司马相如受临邛县令王吉邀请，正客居在临邛。卓王孙得知王县令有贵客，便设宴结交。相如在王县令陪同下前来赴宴。宴会间，文君因久仰相如文才，遂从屏风外窥视相如。相如也知文君才貌，受邀抚琴时，便弹奏了一曲《凤求凰》，倾吐爱慕之情。

宴会完毕，司马相如托人以重金赏赐文君的侍者，以转达倾慕之情。于是，卓文君乘夜逃出家门，私奔相如。相如携文君急忙赶回家乡成都。

司马相如家中拮据，无以为生。几个月后，卖掉车马，回到临邛开了一间小酒馆。卓文君当垆卖酒，掌管店务；司马相如系着围裙，夹杂在伙计们中间洗涤杯盘餐器。文君出身大家闺秀,抛头露面卖酒,司马相如才学闻名遐迩,殷勤中毫无羞愧之色,可谓惊世骇俗,一时传为奇谈。因此,这对才子佳人开的小酒馆门庭若市。

卓王孙闻讯后,深以为耻,觉得没脸见人,整天大门不出,不认这个女儿。其弟兄和长辈都劝导说:你只有一子二女,又并不缺少钱财。如今文君已经委身于司马相如,司马相如一时不愿到外面去求官,虽然家境清寒,但毕竟是个人才,文君的终身也有了依托。卓王孙无奈,给文君奴仆百人、铜钱百万等财物,让他们离开临邛。于是,卓文君和司马相如双双回到成都,购买田地住宅,过着琴书相乐,举案齐眉,相敬如宾的生活。后来,司马相如的《子虚赋》被同乡杨如意献给汉武帝,得到汉武帝赏识,相如被封为郎官(帝王的随从)。司马相如衣锦荣归,卓王孙感觉很风光,献金相认。

司马相如为官后,渐渐耽于逸乐,常周旋在脂粉堆里,甚至欲纳茂陵女子为妾。面对丈夫在锦衣玉食之时欲弃糟糠而慕少艾,文君不怒不闹,作了一首《白头吟》寄给相如,并附书一封。书曰:"春华竞芳,五色凌素,琴尚在御,而新声代故。锦水有鸳,汉宫有木,彼物而新,嗟世之人兮,瞀于淫而不悟!朱弦断,明镜缺,朝露晞,芳时歇,白头吟,伤离别,努力加餐勿念妾。锦水汤汤,与君长诀!"司马相如读后心中大为不忍,惊叹妻子之才华横溢,同时想起当年的患难相随,遂将卓文君接到自己身边。从此不再提遗妻纳妾之事。两人白首偕老。

卓文君寡居私奔,这在当时是离经叛道的行为。在富商父亲的城市当垆卖酒,以迫使父亲面对事实,在当时也被认为是不雅之行为。后来在丈夫移情别恋的时候,以诗寄情来警戒挽回丈夫,这是常人难以做到的。卓文君的胆识和才华被人敬佩,其故事流传民间,为后世小说、戏曲所取材。司马相如的文采,卓文君之美艳,当垆卖酒、白头兴怨、长门灵赋、封禅遗书等事也为史家记载,《史记·司马相如列传》用大段文字记载了相如和文君的故事。

《史记》记载的文人共3位，记载司马相如的文字大大多过屈原、贾谊二人的合传，可见司马迁对相如之敬重。

※后世纪念

卓文君居住地成都市有琴台路。其出生地四川邛崃市，有文君街、文君井、文君竹等。

曹　植（文学家）

天下文章八斗才，风华绝代建安台。

诗心政事难同语，一赋洛神无限哀。

曹植（192—232 年），字子建，沛国谯县（今安徽亳州），三国时期文学家，建安文学代表人物。

曹植是曹操第三子，当时曹操缺乏稳固的根据地，家属常随军行止，因此幼年的曹植同兄弟们一样，是在戎马倥偬的生活中度过的。至建安九年（204 年），曹操攻克了邺城（今河北临漳），全家才相对安定。

曹植自小非常聪慧，10 来岁就读熟了《诗经》及先秦两汉辞赋，诸子百家也广泛涉猎。而且思路快捷，谈锋健锐，脱口成章。加之性情坦率自然，生活不尚豪华，甚得曹操喜爱。后曹操征战出行经常带着曹植，包括与孙权战于赤壁。

建安十五年（210 年），曹操在邺城所建的铜雀台落成，召集了一批文士登台为赋。在众人之中，曹植提笔略加思索，一挥而就，其文曰《登台赋》。此时，曹操对曹植寄予厚望，望其继续曹魏大业。建安十六年（211 年）秋，刚行冠礼的曹植慨然请缨，随父西征。凯旋不久曹植即被封为临淄侯。建安十九年（214 年），曹操东征孙权，令曹植留守邺城。邺城是曹魏都城，可见曹操对曹植的信任，已有立之为太子的意向。可是后来曹植不注意修饰自己行为，饮酒无节制，常常醉酒误事，因而逐渐失去了曹操的信任。尤其是建安二十二年(217 年)，曹植借着酒兴私自坐着王室的车马，擅开王宫大门司马门，在只有帝王举行典礼才能行走的禁道上纵情驰骋，令曹操大怒。10 月，曹操召令曹丕(曹操次子)为世子。建安二十四年(219 年)，曹仁为关羽所困，曹操让曹植带兵解救。命令发布时，曹植酩酊大醉不能受命。此后曹操不再重用曹植。

延康元年(220 年)正月，曹操病逝，曹丕继位(魏文帝)不久，即杀了曹植的密友丁仪、丁廙等，还对曹植严加防范，数次徙封。先后封曹植为安乡侯(今河北省晋州市侯城)、鄄城王(今山东省菏泽市)、雍丘王(今河南省开封市杞县)，每一地时间都不长。

延康三年(222 年)曹植入朝京师洛阳，回封地鄄城，途经洛水，感怀战国时楚怀王游高唐，梦与巫山女神相遇的故事，写下了著名的《洛神赋》，表达了曹植内心有志不得伸展的无限哀伤之情。

清人朱乾《乐府正义》评之比较中肯："乃其悲君臣之道否，哀骨肉之分离；托为神人永绝之词，潜处太阴，寄心君王；贞女之死靡他，忠臣有死无贰之志。"

延康七年(226 年)，曹丕病逝，其子曹叡继位(魏明帝)。35 岁的曹植渴望自己的才能得以施展，多次慷慨上书，但曹叡仍严加防范，不予重任。

太和三年 (229 年)，38 岁的曹植徙封东阿，期间潜心著述。太和六年(232 年)，曹植被改封陈王，当年 11 月忧郁病逝，时年 41 岁。家人尊其遗愿，葬于东阿鱼山。后人称之为"陈王"或"陈思王"。

曹植是建安文学的代表人物之一，是第一位大力写作五言诗的文人，现存诗歌 90 余首，其中有 60 多首是五言诗。曹植推动了文人五言诗的发展，这是诗歌史上的一大跨越，表明诗歌从乐府民歌到文人诗的转变。其诗赋文章，在两晋南北朝时期，被推尊到文章典范的地位。故南朝诗人谢灵运说:“天下才共一石,子建独得八斗。”

曹植著有《画赞序》,是中国画论史上流传下来的第一篇专题论画的文章。据唐代《书断》记载:曹植亦工书。梁《高僧传》卷十三记载,曹植在声律(经音)方面贡献大,被誉为“梵呗泰斗”。

多才多艺的曹植被历代文人追思赞叹。

※后人评说

西晋·陈寿《三国志》:陈思文才富艳,足以自通后叶,然不能克让远防,终致携隙。

南朝·钟嵘《诗品》:其源出于国风。骨气奇高,词彩华茂。情兼雅怨,体被文质,粲溢今古,卓尔不群。

南朝末·王通《中子·弗君》:陈思王可谓达理者也。以天下让,时人莫之知也。

唐·李白《上安州李长史书》:曹植为建安之雄才,惟堪捧驾。天下豪俊,翕然趋风,白之不敏,窃慕高论。

南宋·刘克庄《后村诗话》:曹植以盖代之才,它人犹爱之,况于父乎?使其少加智巧,夺嫡犹反手尔。

清·丁晏《曹子违诗钞序》:诗自三百篇十九首以来,汉以后正轨颛门,首推子建。洵诗人之冠冕,乐府之津源也。……其所见甚大,不仅以诗人目之。即以诗论,根乎学问,本乎性情,为建安七子之冠。

王　勃（文学家）

三晋神童四杰才，文思敏捷步高台。

滕王阁上踌躇志，古韵新词逐浪来。

王勃（约650—676年），字子安，唐初古绛州龙门（今山西省河津市）人，文学家，“初唐四杰”之首。

王勃幼年时非常聪慧，6岁时能作诗。9岁时，王勃读颜师古注的《汉书》后，撰写了《指瑕》10卷，指出颜师古的错误之处。10岁时，王勃便饱览六经，12岁至14岁时，王勃跟随大学士曹元在长安先后学习了《周易》《黄帝内经》《难经》等，对“三才六甲之事，明堂玉匮之数”有所知晓。

龙朔三年（663年）王勃14岁，回到家乡后，寻找机会入仕。先后写了《上绛州上官司马书》《上刘右相书》。刘祥道赞其为神童。他又通过皇甫常伯向唐高宗献《乾元殿颂》，通过李常伯上《宸游东岳颂》。16岁时应幽素科试，及第，授朝散郎，成为朝廷最年少的命官。后撰《乾元殿颂》，唐高宗见颂词，惊叹奇才！王勃的文名为之大振。

王勃当上朝散郎后，经主考官的介绍，担任沛王府修撰，并赢得了沛王李贤的欢心。一次，沛王李贤与英王李哲斗鸡，王勃写了一篇《檄英王鸡文》——讨伐英王的斗鸡，为沛王助兴。不料此文传到唐高宗手中，高宗怒斥歪才，令逐出王府。

咸亨二年(671年)王勃22岁,经朋友推荐为虢州(今河南灵宝)参军。期间,有个官奴犯罪,王勃先藏匿之,后怕走漏风声,又杀之。王勃因此犯了死罪,后幸遇大赦,未死。但此事连累了父亲王福畴。王福畴从雍州(今陕西)司功参军被贬为交趾(今越南地域)县令,远谪到南荒之外。

王勃对父亲深感愧疚,出狱后年余,朝廷宣布恢复其职,没有接受。上元二年(675年)秋,王勃决意去交趾看望父亲。于是从洛阳出发沿运河南下,经淮阴,到楚州,入长江过江宁。大约在次年春夏,王勃至交趾见到了生活窘困的父亲。不久后,王勃踏上归途。时值夏季,南海风急浪高,王勃不幸溺水,惊悸而死。年27岁。

王勃经洪州(今南昌)时,逢都督阎伯屿召集文人聚会滕王阁,受邀作了《滕王阁序》,一时精绝众人。文章传到长安城,唐高宗读后拍案叫绝,连称罕世之才!说:当年逐斥,是朕之错也。

王勃的著述有《王子安集》,现存《汉书指瑕》10卷,《周易发挥》5卷,《次论语》10卷,《舟中纂序》5卷,《千岁历》《平台钞略》《合论》等20篇。其中诗80多首,文90多篇。

王勃的文学主张是“立言见志”。其诗歌继承了汉魏风貌,壮阔明朗,慷慨激越。其赋继承了徐陵、庾信的骈文艺术风格,无论押韵还是句内均合律。但又注以清新之风、振以疏荡之气,使文风清丽、流畅,创造出气象高华、神韵灵动的艺术风格,使骈文跃上了一个新台阶。王勃临场创作《滕王阁序》,传为佳话,为历史留下了一个动人的文化故事。

※后人评说

后晋·刘昫《旧唐书》:勃六岁解属文,构思无滞,词情英迈……父友杜易简常称之曰:此王氏三珠树也。

北宋·欧阳修、宋祁《新唐书》:属文,初不精思,先磨墨数升,则酣饮,引被覆面卧,及寤,援笔成篇,不易一字。

唐·杨炯《王勃集序》:壮而不虚,刚而能润,雕而不碎,按而弥坚。

唐·杜甫《戏为六绝句》:王杨卢骆当时体,轻薄为文哂未休。尔曹身与名俱灭,不废江河万古流。

王　维（诗人，画家）

诗情画意古今雄，志淡心清识蕴空。
破墨别开山水偈，儒生悟得道禅通。

王维（701？—761 年），字摩诘，号摩诘居士，中唐河东蒲州（今山西省运城市）人，祖籍山西祁县。诗人，画家，创破墨法。

王维出身于一个有文化积淀的家族，其名与字组合的“维摩诘”三字，本是古印度早期佛教著名居士之名，这位居士潜心修行最后成为菩萨，存《维摩诘经》。可见王维之名寄托了家族的文化向往。王维年幼时受到诗歌、音乐、绘画的熏陶，尤其信佛的母亲的影响，因而才华早显。15 岁时去京城应试，因其诗书画功底及音乐天赋，成为王公贵族家的座上宾。20 余岁中进士(一说状元)，任太乐丞，负责乐舞。后因伶人舞黄狮一事受累，贬为济州司仓参军。

开元二十三年（735 年），张九龄为相，拔擢王维为右拾遗。再调任监察御史，后奉命出塞，担任凉州河西节度幕判官。

王维在京城长安为官时，于城南蓝田山麓修建了一所别墅，以修养身心。该别墅原为初唐诗人宋之问所有，有山有湖有溪谷。王维与其好友常在此吟诗作画。

安史之乱爆发，肃宗元年（756 年），长安被叛军攻陷，王维被捕，被迫出任伪职。战乱平息后，王维被下狱，按律当斩。但因其被俘时曾作《凝碧池》抒发亡国之痛和思念朝廷之情，又因其弟刑部侍郎王缙平反有功，并请求削籍为兄赎罪，王维才得到宽宥，降为太子中允，后兼迁中书舍人，官终尚书右丞。至上元二年(761 年)逝世。临终时，作书向亲友辞别，完成后便安然离世。

王维早年以儒入仕，有过积极的政治抱负，后值政局变化无常且心向禅道。40 多岁时，在城南别墅和终南山上，过着半官半隐的生活，《辋川闲居赠裴秀才迪》表现了其当时的闲散生活。这城南别墅和终南山成就了王维的山水诗。世人将王维与孟浩然合称“王孟”。

王维在诗歌上的成就是多方面的，无论山水诗还是边塞诗，律诗还是绝句，都有许多佳作流传。

王维的山水诗大都成于中年后。与前人比较，其诗扩大了这类诗的内容，增添了艺术风采，使唐代山水诗的成就达到前所未有的高度。其中，描写乡村农家生活的田园诗充满着牧歌情调。王维的诗以不同艺术理念相互渗透，诗情画意相融合，句式节奏富变化，音韵和谐流畅，具有音乐美。其山水诗无论从诗的题材内容，还是诗歌的艺术风采上都对后世诗歌产生了深远的影响。后人称王维为“诗佛”，不仅是说其诗渗禅意，流动空灵，还表达了对其在唐诗中崇高地位的肯定。

王维的以军旅和边塞生活为题材的五言或七言绝句，感情真挚，语言明朗，自然淳朴，可与李白、高适、王昌龄的绝句媲美，代表了盛唐绝句的最高成就。

王维爱诗更爱画，曾在诗中以“宿世谬词客，前身应画师”来定义自己，可见其对画更自信。王维提出“夫画道之中，水墨最为上”的理论，并实践到自己的山水画创作中。以水墨渲淡代青绿设色，以简淡的水墨画代替浓艳重彩的青绿山水，大大丰富了山水技法。

王维首创“破墨山水”的表现形式，为中国的山水画开创了新的生命，启发了此后“皴法”的出现。其名作《辋川图》即以破墨法画成。

王维绘画理论有《山水论》《山水诀》等，对山水画具有很强的指导意义。其绘画理论和实践为推动中国山水画的发展起着无可替代的作用。中国画直至唐代，画家们才在沿袭前代画家的基础上发展了山水画，同时也出现了一批优秀的山水画家，王维就是其中对山水画发展变革做出巨大贡献的人之一。因此后人赞其为南宗山水画之祖，文人画的南山之宗，“盛唐画坛第一把交椅”。

※后人评说

北宋·苏轼《书摩诘蓝田烟雨图》：味摩诘之诗，诗中有画；观摩诘之画，画中有诗。

北宋·苏轼《王维吴道子画》吴生（道子）虽妙绝，犹以画工论。摩诘得之于像外，有如仙翮谢笼樊。

宋·蔡绦《蔡百衲诗评》《苕溪渔隐丛话》引：王摩诘诗，浑厚一段，覆盖古今。但如久隐山林之人，徒成旷淡。

元·辛文房《唐才子传》：维诗入妙品上上，画思亦然。至山水平远，云势石色，皆天机所到，非学而能。

清·沈德潜《唐诗别裁》：意太深、气太浑、色太浓，诗家一病，故曰“穆如清风”。右丞诗每从不着力处得之。

杜　牧(文学家)

阿房一赋足千秋,穷尽秦人极欲楼。

成败因由皆自得,豪奢已逐渭河流。

杜牧(803—853 年),字牧之,号樊川居士,晚唐京兆万年(今陕西省西安市)人。文学家、诗人。

杜牧是政治家、史学家、宰相杜佑之孙,所以从小关心政治时事。青年时博通经史,写过许多策论咨文,还专门研究过《孙子兵法》,写过注解。有一次献计平虏策,被宰相李德裕采用,大获成功。

杜牧 23 岁作出《阿房宫赋》。此赋通过对阿房宫之雄伟、宫中之豪奢的铺陈,转为议政,探究秦王朝失败之原因,以警示后人。句式灵活,文辞生动,气势夺人。内容形式皆称卓绝,社会广为流传,于是杜牧文名鹊起。

唐文宗大和二年(828 年),杜牧 26 岁,中进士,授弘文馆校书郎。后历经江西观察、淮南节度使幕,国史馆修撰,膳部、比部、司勋员外郎,黄州、池州、睦州刺史等职。

因晚年居长安南樊川别墅,故后世称"杜樊川",著有《樊川文集》。

杜牧的文学创作有多方面的成就,诗、赋、古文都身趁名家。杜牧主张凡为文以意为主,以气为辅,以辞采章句为之兵卫,对作品内容与形式的关系有比较正确的理解。从杜牧的创作主张及创作实践看，与主张复古的韩柳，特别是韩愈的渊源关系是明显的。杜牧继承了韩柳的观点，又有所发展，以形成自己特殊的风貌。

杜牧的古体诗受杜甫、韩愈的影响，善于将叙事、议论、抒情三者融为一体，气格紧健，造句瘦劲。杜牧的近体诗则以文辞清丽、情韵跌宕见长。杜牧的律诗，约为一百六七十首，在其全部诗作中占有重要的地位，其豪宕波峭的风格在律诗中最为突出。明代杨慎云："律诗至晚唐，李义山而下，惟杜牧之为最。宋人评其诗豪而艳，宕而丽，于律诗中特寓拗峭，以矫时弊。"

杜牧的诗歌以七言绝句最为著称，意境幽美、议论警拔。咏史绝句，立意出奇，史识高绝。情景绝句，意境幽美，韵味隽永。杜牧善于捕捉自然景物中美的形象，用绝句体小诗加以描写，含蓄精炼，情景交融，宛如一幅幅完整而优美的图画。杜牧于盛唐七绝之外，别开妙境，在晚唐成就颇高，人称"小杜"(以别于杜甫)，与李商隐并称"小李杜"。

杜牧书法也有名。《宣和书谱》曰："牧作行、草，气格雄健，与其文章相表里。"

※后人评说

北宋·陆游《初冬杂题六首之一》：勋业文章意已阑，暮年不足是看山。江南寺寺楼堪倚，安得身如杜牧闲。

南宋·杨万里《寄陆务观》：不应李杜翻鲸海，更羡夔龙集凤池。道是樊川轻薄杀，犹将万户比千诗。

明·胡震亨《唐音癸签》：杜牧之门第既高，神颖复隽，感慨时事，条画率中机宜，居然具宰相作略。

清·刘熙载《艺概》：细读杜牧，人如其诗，个性张扬，如鹤舞长空，俊朗飘逸。

李商隐(诗人)

握瑾怀瑜李杜才,平生未上郭隗台。
幽情化作无题曲,隐约心思总费猜。

李商隐(约813—约858年),字义山,号玉谿生,又号樊南生,祖籍怀州河内(今河南省沁阳市),生于郑州荥阳(今河南省荥阳市),晚唐诗人。

李商隐出生于官吏家庭,约10岁时,父亲在浙江去世,母亲带其回河南故乡。因家无积蓄,生活贫困,李商隐身为长子,背负上了撑持门户的责任。“佣书贩舂”做童工,贴补家用,形成了忧郁、敏感的性格,同时有志于改变现状。在曾入过太学的族叔父的教授下,杜牧文章进步很快,约16岁时,写出了两篇优秀的文章得以扬名,受到时任节度使的令狐楚(文学家)的赞赏,并给予资助及教授指点。

文宗开成二年(837年),李商隐得到令狐父子的帮助,考取进士资格。年末令狐楚病逝,李商隐应泾原节度使王茂元聘请,去泾州(今甘肃省平凉市泾县)作王茂元的幕僚。王茂元对李商隐的才华非常欣赏,将女儿嫁与李商隐。李商隐夫妻恩爱,但仕途却遇上麻烦,被卷入了“牛李党争”。岳父王茂元为“李党”,老师令狐楚属“牛党”,这被人认为是对刚刚去世的恩师的背叛。因此第二年李商隐参加吏部授官考试时,在复审中被除名。第三年再次参加授官考试,方得通过,授秘书省校书郎。不久,调任弘农(今河南灵宝)县尉，又因宽恕死刑犯，被上司责备，辞职。

李商隐几年后又回到秘书省，正当李德裕掌权，本想干一番大事，然母亲病逝，回乡守孝3年。重上任时，牛党新势力占据了重要位置，李商隐觉得失望，离开京城。此后应地方官员之请先后在桂林、徐州、四川等地为幕僚等职，最后回京任盐铁推官。

李商隐少年丧父，中年丧妻，家道不幸，仕途不得志。因幕僚多年，孤身在外，带有离愁别绪，相伴唯诗书，其成就亦在诗。《燕台四首》，抒发了对其所思所爱由春至冬四季浓浓的慕恋，以悲情结束，隐喻其一生。

李商隐的诗歌流传下来的约600首，其中直接触及时政题材的占了相当比重，100余首。李商隐的咏史咏物诗将历史与现实结合，借鉴历史的经验教训来指陈政事，表达自己的愿望，受杜甫风格的影响。

李商隐的爱情诗在唐诗中独具一格。以男女爱情相思为题材，意境要眇，情思宛转，辞藻精丽，读来令人回肠荡气。其中以无题为名的爱情诗（包括以《无题》为题的15首，和以句首二字为题的"准无题"诗近30首），最为人所传诵。被世人认为是唯美的典型。如《锦瑟》貌似咏物，实则咏怀。它隐去了平生所历具体之事，以锦瑟起兴，充分运用了比兴、象征、典故等多种手法，将自己满腔的忧伤、郁愤之情，形象而又婉曲地表达出来。

李商隐的诗歌能在晚唐独树一帜，在于其心灵善感而深沉，情思丰富而执着，在于其广纳前人之长的表现手法，在于其对社会人生冷静的观察思考。作为一个关注社会的士人，其很多作品表现了当时士人的一种伤感情绪，而引起人们共鸣。

清代孙洙编选《唐诗三百首》，收入李商隐的诗作23首，数量居第4位。这本唐诗选集被广泛阅读，由此也可以看出李商隐的诗在社会民众中的广泛影响。

李商隐在诗歌中将含蓄、朦胧的表现手法运用到了极致，正如其名字"隐"。部分作品隐晦迷离，难于索解，因有"诗家总爱西昆好，独恨无人作郑笺"之说。后人多有考证注解，但仍有难以定论处。这是李商隐诗作的特点，或也是诗的一种特点——诗无达诂。

李商隐诗歌成就最高的是七言律绝。尤其七律是继杜甫之后，唐代七律发展史上的第二座里程碑。

唐诗的天空在初唐、中唐时期群星闪耀，巨星高悬，至晚唐显得有些暗淡。李商隐等却又将唐诗推向了一个高峰，其和杜牧合称为"小李杜"，与温庭筠合称为"温李"；后又有李白、李贺、李商隐为"三李" 之说。

※后人评说

元·辛文房《唐才子传》：商隐工诗，为文瑰迈奇古，辞难事隐。……后评者谓其诗"如百宝流苏，千丝铁网，绮密瑰妍，要非适用之具。"斯言信哉。

清·贺裳《载酒园诗话》：魏晋以降，多工赋体，义山犹存比兴。

李　煜(词人)

本是文坛天造才，无心主位伴风雷。

流水落花春去也，云笺锦缎那堪裁。

李煜(937—978年)，字重光，号钟峰隐者、莲峰居士，祖籍彭城(今江苏省徐州市)，生于金陵(今江苏省南京市)。南唐最后一位国君，词人，书画家。

李煜，原名李从嘉，南唐中主李璟第六子，初封安定郡公，累迁诸卫大将军、副元帅，封郑王。李煜善诗文，又相貌奇伟，遭太子李弘冀猜忌。李煜为避祸，醉心经籍，不问政事，自号"钟峰隐者""莲峰居士"，以示自己志在山水，无意权位。

显德六年(959年)，太子李弘冀病逝，李璟封李煜为吴王，以尚书令参与政事，入住东宫。次年，李璟迁都洪州(今江西省南昌市)，立李煜为太子监国，留守金陵。6月，李璟病逝，25岁的李煜继位。

李煜继位时，南唐国削势弱，外寄希望于向宋纳贡以保全基业，为献殷勤，除岁贡外，每逢宋廷用兵或有重大活动，必进礼以示支持和祝贺，并多次派遣使者陈说臣服之意。内重用旧臣，稳定高层；科举取士，选拔人才；减税免役，劝农耕桑。面对强大的宋朝，李煜采用坚壁清野、固守城池之策，以图拖垮长途奔袭的宋军。

天宝四载(971年)，宋太祖灭南汉，屯兵汉阳。李煜恐惧，去除唐号，改称“江南国主”。太平兴国元年(976年),宋军灭南唐,李煜被俘,宋太祖封其为违命侯,拜千牛卫将军。同年,宋太宗即位,改封李煜为陇西公。

太平兴国三年(978年),李煜死于北宋京师汴京(今河南省开封市),时年42岁整(生与死均七夕日)。死因,传为作《虞美人》怀念故国,又令歌伎唱,被宋太宗听见,命人毒死李煜。北宋赠为太师,追封吴王,葬洛阳北邙山。人称“南国后主”“李后主”。

李煜不仅善诗文,亦精书画、通音律。据徐铉(南唐末北宋初)记载,李煜有《文集》30卷、《杂说》百篇。《宋史·艺文志》载《南唐李后主集》10卷,但均佚。原稿虽散失,但后人多有编辑注解本,今确认其创作的有30多首。在内容上,以亡国降宋为界分为前后两期:前期词主要反映宫廷生活和男女情爱;后期词反映亡国之痛,哀婉凄凉。

李煜在词史上的地位和影响主要有:

开阔了视野,扩大了领域。如王国维在《人间词话》中所说:“词至李后主而眼界始大,感慨遂深,遂变伶工之词而为士大夫之词。”在李煜之前,花间派主流,词以艳情为主,即使寄寓抱负也大都用比兴手法,隐而不露。李煜词中多数作品则直抒胸臆,倾吐身世家国之痛,使词摆脱了长期在花间樽前曼声吟唱中所形成的传统风格,成为诗人们言怀述志的新诗体,对后来豪放派词有影响。

感情纯真,意境优美。李煜被俘入宋,直面人生苦难,将血泪化作词汇,用白描的手法抒写感受;又以贴切的比喻将抽象的感情形象化,通过具体可感的个性形象来反映现实生活中某种境遇,将其个体生存形态泛化为普遍的人生感悟,因此具有较高的典型性和普遍性。李煜词言情的深广超过其他南唐词人。

语言自然,风格疏宕。李煜的词受父亲李璟及花间派名家冯延巳等人的影响,但在语言使用上冲破了雕饰的约束,走向自然。用词口语化,清新明朗。风格上也突破了委婉柔密，走向疏宕无拘，增强了词的表现力。为后代一些词人效仿。

李煜在书法方面的造诣有：曾考证过拨镫法的渊源，并总结为“擫、押、钩、揭、抵、拒、导、送”七种技艺；擅长行书，多以颤笔行文，线条遒劲，有如寒松霜竹，世称“金错刀”；又喜写大字，以卷帛为笔，挥洒如意，世称“撮襟书”。李煜曾出示南唐秘府所藏的书法作品，命徐铉刻成《升元帖》，南宋周密评之为“法帖之祖”。

李煜画竹，勾勒而成，自根至梢极小，被称为“铁钩锁”。所绘的林石、飞鸟，也都意境高远，远超常人。

※后人评说

北宋·郑文宝《江表志》：后主天性纯孝，孜孜儒学，虚怀接下，宾对大臣，倾奉中国，惟恐不及。但以著述勤于政事，至于书画皆尽精妙。然颇耽竺乾之教，果于自信，所以奸邪得计。排斥忠谠，土地曰削，贡举不充。越人肆谋，遂为敌国。又求援于北虏行人设谋，兵遂不解矣。

清·余怀《玉琴斋词序》：李重光风流才子，误作人主，至有入宋牵机（毒药）之恨。其所作之词，一字一珠，非他家所能及也。

清·沈谦《填词杂说》：男中李后主，女中李易安，极是当行本色。

清·沈雄《古今词话》：后主疏于治国，在词中犹不失南面王。

柳　永（词人）

烟花柳巷付真情，曲调新声换旧声。

忍把青春消永夜，白衣卿相自署名。

柳永（约 984—约 1053 年），原名三变，字景庄，后改名柳永，字耆卿，北宋福建崇安（今福建武夷山）人，词人。

柳永出身官宦世家。祖父柳崇，世居河东（今山西），曾为福建沙县县丞，携家徙居崇安，后官至河东太守。父亲柳宜，曾出仕南唐监察御史，南唐灭亡后，供职北宋，先后任职于雷泽、费县、濮州等地。柳永生于其父任所。

柳永幼年受父亲影响，喜欢诗词，因父常念及南唐后主，崇李煜才情，给柳永留下了深刻印象。

咸平五年（1002 年），柳永计划进京参加礼部考试，由钱塘入杭州，因迷恋湖山美好、都市繁华，遂滞留杭州，沉醉于听歌买笑的浪漫生活之中。第二年，作《望海潮·东南形胜》，此词一出，即广为传诵，名噪一时。后，柳永离开杭州，沿汴河到苏州，再入扬州，流离江淮几年，放浪形骸。

大中祥符元年（1008 年），柳永进入京师汴京（今河南省开封市）。时北宋承平日久，都城繁华极盛。柳永作凌云辞赋，将帝都的“承平气象，形容曲尽”。次年，春闱在即，柳永踌躇满志，自信“定然魁甲登高第”。及试，真宗有诏,因“属辞浮靡”受到严厉谴责,而初试落第。柳永愤慨之下作《鹤冲天·黄金榜上》,发泄不满。大中祥符八年(1015 年),柳永第二次参加礼部考试,再度落第。天禧二年(1018 年),长兄柳三复进士及第,柳永第三次落榜。天圣二年(1024 年),柳永第四次落第,愤而离开京师,与情人离别,作著名的《雨霖铃·寒蝉凄切》。

柳永屡试不第,从此填词为生,词名日隆。因漂泊日久,身心疲惫,柳永作《轮台子·一枕清宵好梦》,追忆“却返瑶京,重买千金笑”,感叹“芳年壮岁,离多欢少”。天圣七年(1029 年),柳永返回京师,汴京繁华依旧,但故交零落,物是人非,触目伤怀,柳永又离开京都,前往西北。柳永漫游渭南,作《八声甘州·对潇潇暮雨洒江天》。至成都,逢故人田况知益州,见锦里风流、蚕市繁华,柳永作词以赠。出成都后,柳永又沿长江向东,过湖南、抵鄂州。

景祐元年(1034 年),仁宗亲政,特开恩科,对历届科场沉沦之士的录取放宽尺度。柳永闻讯,即由鄂州赶赴京师。是年春闱,柳永与其兄柳三接同登进士榜,授睦州(今浙江省杭州市淳安县)团练推官。柳永 51 岁方及第,喜悦不已。

景祐四年(1037 年),柳永调任余杭县令,后任浙江定海晓峰盐监、泗州判官。历三地九年,皆有政绩,按宋制,理应磨勘改官,竟未成。至范仲淹拜参知政事,颁行庆历新政,柳永方改为著作佐郎,授西京灵台山令。庆历六年(1046 年),转官著作郎。皇祐元年(1049 年),转官太常博士。次年,改任屯田员外郎,遂以此致仕,定居润州。计为官 10 余年。

柳永一生,长时间漂泊,接触城市下层民众,其词内容大量描写市民阶层男女之间的感情和都市生活、市井风情,以及羁旅行役之感。其《乐章集》中 60 多首词,比较全面地展现出柳永一生中的追求、挫折、矛盾、苦闷、辛酸、失意等复杂心态。这些离愁别绪远比五代及宋初词人所写的思乡念远更为阔大,意境也更苍凉,特别真切感人。

柳永词的艺术表现形式无拘无束,恰如其人。其充分运用俚词、俗语,以适俗的意象、淋漓尽致的铺叙、平淡无华的白描等独特的艺术个性,令人耳目一新。而其构思巧妙,用词准确又不流于凡俗,所以能雅俗共赏,对宋词的发展产生了深远影响。成为婉约派代表人物。

※后人评说

宋·苏轼:人皆言柳耆卿俗,然如"渐霜风凄紧,关河冷落,残照当楼",唐人高处,不过如此。

宋·黄裳《书乐章集后》:予观柳氏文章,喜其能道嘉祐中太平气象,如观杜甫诗,典雅文华,无所不有。是时予方为儿,犹想见其俗,欢声和气,洋溢道路之间,动植咸若。令人歌柳词,闻其声,听其词,如丁斯时,使人慨然有感。呜呼!太平气象,柳能一写于乐章,所谓词人盛事之黼藻,岂可废耶?

南宋·张端义《贵耳集》:自宣政间,周美成(周邦彦)、柳耆卿辈出,自制乐章。南宋·项平斋(引自张端义《贵耳集》)学诗当学杜诗,学词当学柳词。

南宋·俞文豹《吹剑录》:东坡在玉堂日,有幕士善歌,因问:"我词何如柳七?"对曰:"柳郎中词,只合十七八女郎,执红牙板,歌'杨柳岸、晓风残月';学士(苏轼)词,须关西大汉、铜琵琶、铁绰板,唱'大江东去'。"

南宋·叶梦得《避暑录话》:凡有井水处,皆能歌柳词。

李清照（词人）

山东女子性情豪，矗立词坛泰岳高。
少妇闺中长伴枕，书生摘句解醇醪。

李清照（1084—约1155年），号易安居士，宋代齐州章丘（今山东省济南市章丘西北）人，女词人。古代“四大才女”之一。

李清照生于书香门第，父亲李格非精通经史，母亲王氏也知书能文。在家庭的熏陶下，李清照少年便文采出众。18岁，嫁太学生赵明诚，生活安定优裕。大观元年（1107年）移居青州，建炎元年（1127年）金兵攻陷青州，李清照与丈夫南渡江宁。南渡后，生活困顿，建炎三年（1129年）丈夫卒。绍兴元年（1131年），赴浙江绍兴，在土民钟氏之家，一夕书画被盗，当年与丈夫收集的金石古卷，全部散佚，李清照饱受打击。次年，至杭州，再嫁张汝舟，婚姻不幸福，数月后便离异。

李清照是中国古代罕见的才女，擅长书画，通晓金石，而尤通诗词。其词作独步一时，流传千古，被誉为“词家一大宗”。《宋史·艺文志》载有《易安居士文集》7卷、《易安词》8卷，但已遗失。现有《漱玉词》辑本，存诗词约50首。

李清照的词分前期和后期。前期表现悠闲生活，多写爱情、自然景物，韵调优美，如《一剪梅·红藕香残玉簟秋》等。南渡后既有慨叹身世、怀乡忆旧、情调悲伤的作品，如《声声慢·寻寻觅觅》等。也有风格豪迈遒劲，颇有大丈夫气概的作品，如《渔家傲·天接云涛连晓雾》、五绝《夏日绝句·生当作人杰》、七绝《题八咏楼》等。使事用典，想象丰富，意境开阔，充斥着慷慨激昂的爱国之情、雄浑沉郁的家国之思。

李清照的人格如同作品一样令人崇敬。既有巾帼之淑贤，更兼须眉之刚毅；既有常人愤世之感慨，又具崇高的爱国情怀。不仅有卓越的才华，渊博的学识，而且有高远的理想，豪迈的抱负，因此在文学领域里取得了多方面的成就。其诗歌、散文和词学理论都能高标一帜、卓尔不凡。而其毕生用力最勤，成就最高、影响最大的则是词的创作。

李清照词作在艺术上达到了炉火纯青的境界，形成了自己独特的艺术风格"易安体"。

李商隐作词不追求砌丽的藻饰，而是提炼富有表现力的"寻常语度入音律"，用白描的手法来表现对周围事物的感触，刻画细腻、微妙的心理活动，表达丰富多样的感情体验，塑造鲜明、生动的艺术形象。在其词作中，真挚的感情和完美的形式水乳交融，浑然一体。将"语尽而意不尽，意尽而情不尽"的婉约风格发展到了顶峰，以致赢得了婉约派代表人物的赞誉。同时，其词作中的笔力奔放、铺叙浑成的豪放风格，又在宋代词坛上独树一帜，对辛弃疾、陆游等词人有较大影响。其杰出的艺术成就赢得了后世文人的高度赞扬。后人认为其词"不徒俯视巾帼，直欲压倒须眉"。李清照还有"词国皇后""千古第一才女"之美誉。

※后人评价

明·杨慎《词品》：宋人中填词，李易安亦称冠绝。使在衣冠，当与秦七（秦观）、黄九（黄庭坚）争雄，不独雄于闺阁也。

明·王世贞《艺苑卮言》：言其业，李氏（李璟、李煜）、晏氏（晏殊、晏几道）

父子，耆卿(柳永)，子野(张先)，美成(周邦彦)，少游(秦观)，易安至也，词之正宗也。

清·沈曾植《菌阁琐谈》：易安倜傥有丈夫气，乃闺阁中苏、辛，非秦、柳也。

※后人评说

济南李清照纪念馆在大明湖畔，另青州、金华等地也有李清照纪念馆。自清代起，人们将李清照尊为藕花神以祭祀，因此存有多处“藕神祠”。

王实甫（元曲、剧作家）

一部西厢六百年，莺莺待月是天然。

元明演绎情中理，曲诵关雎子领先。

王实甫（1260—1336 年），名德信，元代大都（今北京市）人，祖籍河北保定，元曲家、剧作家。

王实甫生平事迹不详。传说其父是将军，在朝中很有影响，算是富贵人家。王实甫从小文思敏捷，青年时期曾经为官吏。但不愿受官场约束，偏爱文艺，仕途无大志，常出入杂剧、歌舞游艺场所，与倡优（演员）交友。中年后觉自己性情不合仕途而弃官，过着闲散生活。其在《退隐》中写道："住一间蔽风霜茅草丘，穿一领卧苔莎粗布裘；捏几首写怀抱的歪诗句，吃几杯放心胸村醪酒。这潇洒傲王侯，且喜的身登中寿，有微资堪赡赒，有亭园堪纵游。保天和自养修，放形骸任自由，把尘缘一笔勾，再休题名利友。"

王实甫闲散中并没有浪费光阴，而是努力地阅读古籍，观察社会，辛勤地进行创作。其作品甚丰，名目可考的有 14 部杂剧，但除《崔莺莺待月西厢记》《吕蒙正风雪破窑记》《四丞相歌舞丽春堂》留有全本外，另有《苏小卿月夜贩茶船》《韩彩云丝竹芙蓉亭》各存曲文一折。其余仅存名目于《录鬼簿》（记录金代末年到元朝中期的杂剧、散曲艺人，含生平简录、作品目录）一书中。

王实甫的杂剧中最著名的是《西厢记》。该剧主要表现的是崔莺莺与张生两位青年男女的纯真爱情。真情突破了当时婚姻制度和伦理观念，是出于天然的情理，如《诗经·关雎》之“窈窕淑女，君子好逑”。表达了作者“愿天下有情人都成了眷属”的美好愿望。剧中红娘形象，通达人情，敢作敢为，正是作者对个性的追求。

《西厢记》的故事，最早的来源是唐代元稹所著的传奇小说《莺莺传》。金代董解元根据故事编成说唱文《西厢记诸宫调》，改变了故事结局，把一出始乱终弃的悲剧改成了皆大欢喜的大团圆结局。王实甫正是以这篇说唱文为基础改编而成一部杂剧，在情节上剔除了一些不合理的情节，改写了曲文，在矛盾冲突和人物塑造等方面都进一步发展和提高，使戏剧冲突更加激烈，人物性格也更为鲜明。其成功之处主要有：

结构布局完整化。结构严谨紧凑，布局巧妙，呈现出纵横交错、跌宕多姿的复杂面貌。两种冲突、两条线索相互交织、相互制约：一是以莺莺、张生、红娘为一方同以老夫人为另一方的冲突，这是贯穿全剧的主线；二是莺莺、张生、红娘之间的性格冲突作辅线。两条线索有主有次，并行交织，使得相互之间的矛盾得以充分展开，有力地推动了情节的发展，使得人物性格更为丰满。达到了人物性格与戏剧冲突的完美统一。

扩大了喜剧表现形式。增加了宾白，通过独白的方式展示人物心理，揭示人物性格，惟妙惟肖，纤毫毕现。剧中还善于通过动作描写来刻画人物，通过人物动作表现人物的精神状况和心理态势，动作中蕴含着丰富的潜台词。

语言的经典化。自然而不失典雅，虽口语化而又不失诗意。作者善于把质朴活泼的民间口语和精炼隽永的诗词语言熔铸在一起，雅俗并行，本色又有文采，生动活泼而又雅致清新。人物语言高度个性化和充分戏剧化，切合戏剧角色的身份、地位、教养和性格，如莺莺的妩媚蕴藉，张生的文雅热烈，红娘的鲜活泼辣等，语言均恰如其人。作品中的不少曲词充满诗情画意。

对杂剧的体制有创新。打破了元杂剧一本四折、外加一楔子的通例，成为五本二十折组成的大型连台杂剧。它也打破了每折只能由一人主唱到底的成规,在必要时一折戏可轮番主唱。体制的革新,大大丰富了戏剧的艺术表现力。

《西厢记》是我国古典戏曲中一颗璀璨的明珠,其艺术性被誉为元代“杂剧之冠”。《中原音韵》曾把《西厢记》第一本第三折的曲文作为范例。明初朱权《太和正音谱》誉王实甫词如“花间美人”,“铺叙委婉,深得骚人之趣”。

王实甫全面地继承了前代诗词歌赋中精美的语言艺术,又吸收了元代民间生动活泼的口语,创造了文采璀璨的元曲词汇,成为中国戏曲史上“文采派”的杰出代表。后世《牡丹亭》《红楼梦》等言才子佳人情感之作均受其影响。

※后人评价

明末清初戏曲家李渔在《闲情偶寄》中说:“自有《西厢》而迄于今,四百余载,推《西厢》为填词第一者,不知几千万人。”

清朝金圣叹将王实甫的《西厢记》评为第六才子书,中国灯谜常将《西厢记》里的句子作为底来猜射,谜目就叫“六才”。

施耐庵（作家）

不恋公门处野庵，鲜明个性水云潭。

搜罗好汉传闻趣，塑造民间不二男。

施耐庵（约 1296—1370），原名施彦端，字肇端，号子安，别号耐庵。元末明初江苏兴化（今江苏省盐城市大丰区白驹镇）人，祖籍苏州。作家，代表作《水浒传》。

施耐庵，舟人（水上运输之人）之子。生于海盐盛产地白驹镇（古代两淮盐场之一），这里商贸发达，人口聚集，街市繁荣，施耐庵从小见多识广。13 岁入私塾，19 岁中秀才，29 岁中举人，36 岁中进士。曾为钱塘县吏，后与当权者不合，辞官回乡。

施耐庵的出生地白驹镇，也是张士诚的故乡，元至正十三年（1353 年），在白驹场一带，张士诚率领“十八条扁担”抗元。张士诚起兵后，敬慕施耐庵的文韬武略，再三邀请其为军中幕僚。施耐庵本不满当时朝廷的不公及腐败，加之内心崇尚英雄，遂抱着经世济民的想法欣然前往，跟随了张士诚，为张士诚献了许多攻城夺地的计策。在军中与卞元亨等义军将领交往密切，后来施耐庵书中的水浒英雄，多有张士诚部下影子。

张士诚在平江（今苏州）建立大周政权后，逐渐贪享逸乐，不纳忠言。施耐庵与张士诚其他部下鲁渊、刘亮、陈基等大为失望，相继离去。施与鲁、刘相别时，曾作《新水令·秋江送别》套曲，抒发慷慨悲痛之情。不久，张士诚身亡国灭。施耐庵浪迹天涯，漫游山东、河南等地。期间曾与山东郓城县教谕刘善本结为好友（《水浒传》中宋江为吏的地方）。后寓居江阴祝塘镇教书度日。明朝官府侦查张士诚旧部，施耐庵避归老家白驹，在偏僻的一座古庵旁置田地房产，隐居不出。其家乡白驹镇位于里下河地区，地势低洼，地下水位高，湖荡相连，水产丰富。施耐庵闲居中常去水泊，结识了许多渔夫、农夫和盐民，收集他们的故事，积累创作素材。

据说施耐庵少年时不仅善文，亦喜习武，拜过高人，下过苦功。为人仗义，好打不平，青年时曾拳打乡里恶霸，棒打无赖。元末官府腐败，反抗者众，其投奔张士诚，乃期望建立公正社会，然而希望破灭，于是寄情于文，将民间好汉记载下来，写成《水浒传》。

古代四大名著之一的《水浒传》，以惊人的艺术才能，将以宋江为首的水泊梁山108位豪侠形象刻画得淋漓尽致。有学者认为，《水浒传》题材与元末风起云涌的农民起义有关，水泊梁山的108条好汉，其实就是元末起义军将领们的影子。《水浒传》也与施耐庵出生地水乡环境有关。白驹镇境内，施耐庵著书处，荻港萧萧，芦苇茂密，沙鸟低翔，渔舟缓唱，有着浓郁的《水浒传》里的气息，游人到此，会有到了小说中的梁山水泊感觉。施耐庵不仅在此完成了《水浒传》，还指导学生罗贯中撰《三国志通俗演义》《三遂平妖传》等。

施耐庵还精于诗曲，但流传极少。除套曲《秋江送别》以外，只有答顾逖诗、赠刘亮诗传世。施耐庵写完《水浒传》几年后病逝，安葬于此地。后人赞白驹镇是文章锦绣之地。

※后世纪念

白驹镇现建有“中华水浒园”，园内有施耐庵纪念馆、施耐庵书院、施耐庵碑林。另有城门楼、水泊桥、聚义桥、地煞桥、二龙山、桃花山、清风寨、号令台、演义广场等景点。

※后人评说

施耐庵纪念馆有联：

韬光养晦，一代英才居胜境；

激浊扬清，千秋峻笔著奇书。（童斌撰，臧科书）

有舍己为人侠骨义肠，却从鲁达、武松、李逵身上画出；

具掀天揭地深谋远略，乃自晁盖、宋江、吴用胸中写来。（李宗海撰）

罗贯中（作家）

千回百折写英雄，变幻风云一卷中。
成败是非三国演，包罗万象智谋丰。

罗贯中(约1330—约1400年)，名本，字贯中，号湖海散人，元末明初山西并州太原府人(今山西太原)。作家，代表作《三国志通俗演义》、剧本《风云会》。

罗贯中7岁开始上私塾，14岁时母亲病故，辍学随做生意的父亲去苏杭，到慈溪向著名学者赵宝丰学习，又在杭州与说书艺人、杂剧作家相交为友。至正十六年(1356年)，在苏州结识施耐庵，以师徒相称，两人一同加入张士诚部做幕僚。张士诚称王后，不听忠言，罗贯中返回老家太原。在明朝成立后，罗贯中放弃读书人步入官场的机会，创作《残唐五代史演义传》《隋唐志传》等著作。

几年后，罗贯中又回到了杭州，开始《三国志通俗演义》的写作。在罗贯中写作《三国志通俗演义》期间，施耐庵从苏州迁移到兴化，并在洪武三年(1370年)逝世。为了纪念老师施耐庵，罗贯中在完成《三国志通俗演义》之后，加工、增补施氏的《水浒传》，并继续创作历史演义系列作品。

罗贯中著述勤奋，所写的小说很多，作品都是以乱世为题材。中国历史上七个分裂的时代：春秋战国、楚汉之争、三国、南北朝、隋唐之际、五代十国、宋金分立，罗贯中写了三个，除《三国志通俗演义》外，相传还有《隋唐志传》《残唐五代史演义传》和《三遂平妖传》等。罗贯中亦能词曲，所作的杂剧，今所知者，有《风云会》《连环谏》《蜚虎子》3种，后2种已佚。

《三国志通俗演义》是罗贯中的杰作。该书描写了从东汉末年到西晋初年之间100余年的历史风云，大致分为黄巾之乱、董卓之乱、群雄逐鹿、三国鼎立、三国归晋5大部分。叙述了东汉末年从群雄割据到魏、蜀、吴三国鼎立之间的政治和军事斗争，直至最终司马炎一统天下建立晋朝的故事。反映了三国时代各类社会斗争与矛盾的转化，塑造了一批叱咤风云的英雄人物。

《三国志通俗演义》的素材主要来源于两个途径：其一是关于三国史事的历史文献《三国志》《资治通鉴》等；其二是民间不断流传的三国故事和民间创作《三国志平话》等。《三国志通俗演义》在尊重历史，使情节框架合乎史实的前提下，充分发挥想象，将这些来自史书和民间的各种素材整理提炼成一个又一个生动的故事，从而使小说的艺术性大大提高。

《三国志通俗演义》最突出之处是描写战争，通过战争中人物之斗智斗勇来塑造人物形象，反映时代风云。最典型的例子是赤壁大战，描写了三方势力在天时、地利、气象、人文、士气、形势诸方面展开争斗，致吴、蜀败魏，成三国鼎立之势。

罗贯中在描写战争中，几乎将古人之三韬六略、孙吴兵法等各种计谋全部进行了演绎，犹如生动的军事大讲堂。

罗贯中在故事情节方面最善于造势。通过矛盾冲突，造成紧张气氛，以推动故事情节的发展。情节结构从线性的流动，到网状的交叉；小说的语言从半文半白，到口语化、方言化等等。

罗贯中的章回小说在中国小说史上达到了巍巍高峰，取得了前人所未有的成就，为明代中后期的白话短篇小说出现鼎盛的局面、发展得更为精致奠定了厚实的基础。

罗贯中最突出的成就，就是塑造出了永远都光芒四射的典型人物，这些人物，几百年来都活跃在中国的舞台上，印在中国老百姓的心坎里。

《三国志通俗演义》自明代始传至朝鲜、日本及亚洲诸国，后英国、法国、俄国等也出现了译本，及研究专著。

※后世纪念

罗贯中纪念馆位于山东东平，仿明代建筑风格，青砖灰瓦，雕梁画栋。主体建筑有贯中堂、水浒苑、三国苑、贯中居、罗园、碑廊等。纪念馆外建有南北两座罗贯中故里牌坊，北牌坊雕绘三国故事，南牌坊雕绘水浒故事。

罗贯中塑像两旁对联：至圣尼山孔夫子；大贤东原罗贯中。

吴承恩（作家）

无缘消受庙堂恩，四海三江浪漫魂。

着意神奇踪野史，凡尘阅尽究天门。

吴承恩（约1500—约1582年），字汝忠，号射阳山人，明代淮安府山阳县（今江苏省淮安市淮安区）人。作家，代表作《西游记》。

吴承恩出生于淮安府山阳县一个从学官（教育官员）沦落为商人的家庭，父亲望儿子读书为官，承受皇恩，故名之承恩。吴承恩不负期望，自幼读书勤奋，一目十行，过目成诵。还精于绘画，擅长书法、围棋等。《淮安府志》载其少年时"性敏而多慧，博极群书，做诗文下笔立成"以文名于淮，颇得官府、名流和乡绅的赏识。当地学者朱应登认为其"可尽读天下书"，且"以家所藏图史分其半与之"。时人皆以为其取功名如拾草芥。

但吴承恩科场并不顺利，考试多次未中。流寓南京等地，探奇求胜，卖字画为生。直至嘉靖二十九年（1550年），约50岁才补得一个岁贡生，到北京城等待分配官职，没有被选上。后于嘉靖三十五年（1556年），当了个小官，出任浙江长兴县丞。任上常与文章名家朱曰藩豪饮，寄趣于诗酒之间，另同嘉靖状元沈坤、诗人徐中行等常往来。后来还担任过品级与县丞相近而为闲职的荆府纪善等。终因难以适应官场，结束了仕途，归居乡里，游玩四方，放浪诗酒，贫老以终。

吴承恩本性轻世傲物，狂放不羁，喜读野言稗史、志怪小说，如《百怪录》《酉阳杂俎》等。30 岁后，其搜求的奇闻已“贮满胸中”，并且有了创作的打算。

吴承恩官场的失意，生活的困顿，加深了其对封建科举制度、当时社会现实的认识，促使其运用志怪小说的形式来表达内心的愤懑。晚年搜奇猎怪的嗜好有增无减，致力创作《西游记》及《禹鼎记》《春秋列传序》等。曾自言：“虽然吾书名为志怪，盖不专明鬼，实记人间变异，亦微有鉴戒寓焉。”

吴承恩《西游记》的创作，受益于前人作品——南宋之《大唐三藏取经诗话》、金代院本之《唐三藏》《蟠桃会》、元杂剧之吴昌龄《唐三藏西天取经》、无名氏的《二郎神锁齐大圣》等，这些都为《西游记》的创作给予了启发，提供了素材。

吴承恩 50 岁左右，开始了《西游记》的创作，写了前十几回。因在官场忙碌而中断，直到晚年辞官离任回到故里，才得以正式开始《西游记》的创作，最终历时 7 年完成。

《西游记》的出现，开辟了神魔长篇章回小说的新门类，书中善意的嘲笑、辛辣的讽刺与严肃的批判巧妙地结合的特点，直接影响着讽刺小说的发展。

《西游记》是古代长篇浪漫主义小说的高峰，在世界文学史上，也称得上是浪漫主义的杰作。《美国大百科全书》认为它是“一部具有丰富内容和光辉思想的神话小说”，《法国大百科全书》说：“全书故事的描写充满幽默和风趣，给读者以浓厚的兴味。”从 19 世纪开始，它被翻译为日、英、法、德、俄等 10 来种文字流行于世。

吴承恩的诗文多散佚，有后人辑集的《射阳先生存稿》4 卷，存 240 余首诗歌、词曲。其诗文“率自胸臆”“师心匠意”，除一些障词、颂赞属于应酬外，大多极富有历史、文学艺术价值。

其中《二郎搜山图歌》是其精心构思的上品，虽是题画诗，却假借二郎神搜山捉妖的神话故事，揭露了当时“五鬼”“四凶”横行的黑暗现实，期望“胸中磨损斩邪刀”。“救月有矢救日弓，世间岂谓无英雄？”吴承恩的诗作浪漫主义气息特浓，堪比李太白、辛幼安等。

吴承恩的见识非凡，不仅看到当时的文坛之弊，而且能跳出复古主义的圈子，独树一帜，强调“谢朝华”“蓄多识”“去陈言”“漱芳润”。在诗文创作中：“率自胸臆出之，而不染于色泽，舒徐不迫，而不至促弦而窘幅，人情物理，即之在耳目之前，而不必尽究其变。”“师心匠意，不傍人门户篱落，以钓一时声誉”。因此能超越以往，独步文坛。

※后人评说

明代陈文烛在《吴射阳先生存稿序》中对吴承恩的作品大加赞赏：“今观汝忠之作，缘情而绮丽，体物而浏亮，其词微而显，其旨博而深。《明堂》一赋，铿然金石。至于书记碑叙之文，虽不拟古何人，班孟坚、柳子厚之遗也。诗词虽不拟古何人，李太白、辛幼安之遗也。盖淮自陆贾、枚乘、匡衡、陈琳、鲍照、赵嘏诸人，咸有声艺苑，至宋张耒而盛。乃汝忠崛起国朝，收百代之阙文，采千载之遗韵，沉辞渊深，浮藻云峻，文潜以后，一人而已，真大河韩山之所钟哉！”

※后世纪念

吴承恩纪念馆，位于淮安楚州区河下古镇的打铜巷巷尾吴承恩故居遗址。纪念馆是明代风格建筑，古朴典雅。厅前廊柱上的楹联为马继宗撰：

搜百代阙文，采千秋遗韵，艺苑久推北斗；

姑假托神魔，敢直抒胸臆，奇篇演出西游。

柳如是(诗人)

国有危难舍小家,深明大义士人夸。
浮沉世运堪咨嗟,幸得诗书伴晚霞。

柳如是(1618—1664年),本名杨爱,字影怜,小字蘼芜,又称河东君,自号如是。明末清初浙江嘉兴(一说苏州)人,女诗人。

柳如是幼年家贫,被卖到吴江为婢,因小巧玲珑长相可人,被江南名妓徐佛收为义女。徐佛教其诗、书、画、琴。柳如是聪慧好学,又悟性高,至妙龄时,所学皆精通,与马湘兰、卞玉京、李香君、董小宛、顾横波、寇白门、陈圆圆同称"秦淮八艳",文学和艺术才华被称为"秦淮八艳"之首。柳如是读辛弃疾《贺新郎》词,特别喜欢"我见青山多妩媚,料青山见我应如是"一句,于是自名"如是",可见其对自己才貌之自信。

明代崇祯十一年(1638年),柳如是与当时正归乡闲居的钱谦益相识。有"学贯天人""当代文章伯"之称的大才子钱谦益倾慕柳如是的才华,不惜自己名声,违背当时的礼制娶之为妻,并在虞山盖了壮观华丽的"绛云楼"和"红豆馆"。二人诗文知己,同窗共读,和谐美满。但当时明王朝风雨飘摇,夫妻二人关注着天下局势,携手同去祭拜抗击金兵的南宋名将韩世忠及其夫人梁红玉的坟墓,深切怀念仰慕爱国人士。

弘光元年(1644 年),李自成率军推翻大明王朝。福王朱由崧称帝,史称南明,任钱谦益为礼部尚书。后清兵攻占金陵,钱谦益降清任礼部侍郎。当年秋天,清廷下旨降臣可前往北京定居,众降臣领妻携妾,唯有柳如是坚决不从,身穿大红衫在路边为丈夫送行,令众人目瞪口呆。因为红颜色即是暗示朱明王朝,柳如是冒着杀身之祸以此抗议,令在场的男人们无不汗颜。

钱谦益在明朝身居高位,又是文坛领袖,据说清兵进城之前,曾慷慨激昂地宣称:城破之日,就是其投湖殉国之时。但是城破之后,其与柳如是走到水边,却没有跳下去,柳如是坚持兑现诺言,要跳湖殉国,钱谦益死死拉着不松手。

清顺治三年(1646 年)6 月,钱谦益称疾乞归,返回南京。柳如是毅然离开南京返回常熟,表示与降臣钱谦益不合。次年,钱谦益突然被逮捕,锒铛北上,关入刑部大狱。柳如是扶病随行,上书陈情,誓愿代死或从死。国大于家,节气高于富贵,柳如是是非分明。

清顺治五年(1648 年)4 月,钱谦益因黄毓祺案被株连,囚南京狱。经柳如是全力奔走营救、斡旋,钱谦益才得以免祸,感慨万千道:“恸哭临江无孝子,从行赴难有贤妻。”

钱谦益出狱后,对自己降清失节一事后悔不已,到常熟与柳如是会合,在柳如是劝说下,钱谦益暗中与西南和东南海上反清复明势力联络。曾致书南明桂王政权治下的桂林留守瞿式耜,以“楸枰三局”做比喻,痛陈天下形势,列举当务之急著、要著、全著,并报告江南清军将领动态及可能争取反正的部队。瞿式耜得书后,上奏桂王说:“钱谦益身在虏中,未尝须臾不念本朝,而规划形势,了如指掌,绰有成算。”“忠躯义感溢于楮墨之间。”此后几年间,柳如是帮助丈夫钱谦益日夜图谋反清复明,多次亲赴金华策反总兵马进宝反清,并暗中修明史,可惜毁于火灾。

柳如是一度流落风尘,为江南名妓,但环境并没有改变她的高尚品格。得钱谦益之宠爱,锦衣玉食,却心怀民族大义。在国破之时,不随投降的丈夫进京,与之分离;在丈夫受难之时勇于站出来营救;在丈夫有悔意后辅助丈夫反清复明。国事家事,恩怨分明,令多少须眉羞愧。

后人评价说:从古至今,才女子不少,烈女子不少,骨性女子不少,而集三者于一身的,当属柳如是。

现代史学家陈寅恪在双目失明的晚年,历 10 年之艰辛,多方考据,为柳如是立传,著成 80 万字的《柳如是别传》。为一个烟花女子花费这么多精力,此事前所未有。

柳如是留下的作品主要有《湖上草》《戊寅草》《尺牍》等集子。

《金明池·咏寒柳》

怅寒潮,无情残照,正是萧萧南浦。更吹起,霜条孤影,还记得,旧时飞絮。况晚来,烟浪斜阳,见行客,特地瘦腰如舞。总一种凄凉,十分憔悴,尚有燕台佳句。

春日酿成秋日雨。念畴昔风流,暗伤如许。纵饶有,绕堤画舸,冷落尽,水云犹故。忆从前,一点东风,几隔着重帘,眉儿愁苦。待约个梅魂,黄昏月淡,与伊深怜低语。

《南乡子·落花》

拂断垂垂雨,伤心荡尽春风语。况是樱桃薇院也,堪悲。又有个人儿似你。莫道无归处,点点香魂清梦里。做杀多情留不得,飞去。愿他少识相思路。

蒲松龄(作家)

居士生平命运奇,连年八股未相宜。

青灯一盏聊斋记,志鬼言妖自立碑。

蒲松龄(1640—1715年),字留仙,一字剑臣,别号柳泉居士,世称聊斋先生,自称异史氏,清代山东省淄博市淄川区洪山镇人。作家,著有文言短篇小说集《聊斋志异》。

蒲氏是淄川世家,早年热衷功名。至父亲蒲盘时家道已渐败落为一个中小地主兼商人之家。蒲松龄受家庭影响,立志读书应试。19岁,初应童生试,在县、府、道3个级别的考试中均取得第1名,受到山东学政施闰章的欣赏。24岁应乡试(省考)未中,此后乡试屡不中,其中两次犯规被黜(被除名),至46岁时方被补为廪膳生(官府给予膳食),72岁时被补为贡生(地方推荐入京师国子监学习的生员)。

蒲松龄30余岁时曾受地方官邀请做过几年幕僚。几十年维持家庭生计,除祖上留下微薄田产所得外,主要来自办学馆教书的收入。

满腹文章却不能通过乡试关,入仕理想破灭,蒲松龄不愿虚度一生,将志向转为文学创作。还在年轻时,蒲松龄就有个兴趣爱好,喜欢收集神怪灵异故事,几次乡试失败,对此事更加专注。每听到这类故事,都记载下来,还去故事初始地考查,进一步了解。

其好友张笃庆见蒲松龄因为专注鬼怪而影响到考举人,就写了《和留仙韵》二首相劝,“聊斋且莫竞谈空”,应当专心应考。但是特立独行的蒲松龄不听,仍然兴趣不减,不论哪里传出奇闻轶事,都去了解。另从古人书中找素材,是故事来源的一条渠道。蒲松龄遍读前人小说、传奇(如六朝小说和唐宋传奇),稗史、野史等。其《崂山道士》篇即是取了前人3个小故事加工而成,并亲到崂山了解。蒲松龄取材于前人书中编成的故事约有100篇。

《聊斋志异》,蒲松龄在40岁左右已基本完成,此后不断有所增补和修改。“聊斋”是其书屋名称,“志异”指记述奇异的故事。全书有短篇小说491篇。题材非常广泛,内容极其丰富。多数作品通过谈狐说鬼的手法,以讽喻现实社会,对社会的落后腐败面进行了有力批判,在一定程度上揭露了社会矛盾,表达了人民的愿望。在聊斋书屋中,蒲松龄还著述了《聊斋文集》《聊斋诗集》《聊斋俚曲》及关于农业、医药等的通俗读物多种。

《聊斋志异》书成后,蒲松龄因家贫无力印行。同乡官员兼文学家王士祯十分推重,以为奇书,为《聊斋志异》题诗:“姑妄言之姑听之,豆棚瓜架雨如丝。料应厌作人间语,爱听秋坟鬼唱诗。”乾隆三十一年(1766年),蒲松龄死后几十年,书方刊刻行世。

《聊斋志异》集古代志怪传奇小说之大成。其故事成功地塑造了众多的艺术典型,人物形象鲜明生动,故事情节曲折离奇,结构布局严谨巧妙,文笔简练,描写细腻。它使短篇小说的艺术水平达到空前高度,成为绵延不断的中国文学史上的又一高峰。

《聊斋志异》行世后,多家竞相翻印,已有英、法、德、捷克等18种文字的30个译本在世界流行,其对日本文学发展产生过重要影响。今全国《聊斋志异》出版物有100多种,以《聊斋志异》故事为内容编写的戏剧、电影、电视剧达160多出(部)。

※后世纪念

蒲松龄纪念馆,坐落在淄博市淄川区蒲家庄,属比较典型的明清风格的北方农家建筑。馆中收藏的文物包括资料计500余件。

纳兰性德（词人）

功名富贵只寻常，惟有真情难以忘。

解得三经通教义，缘何曲调感哀伤。

纳兰性德（1655—1685年），叶赫那拉氏，原名成德，字容若，满洲正黄旗人。清朝著名词人，“清词三大家”之一。

纳兰性德是大学士纳兰明珠长子，母为英亲王阿济格第五女爱新觉罗氏。纳兰性德自幼饱读诗书，文武兼修，17岁入国子监，被祭酒徐元文赏识。18岁参加顺天府乡试，考中举人。19岁参加会试中第，成为贡士。22岁殿试，考中第二甲第7名，赐进士出身。这一时期的纳兰性德发奋苦读，拜徐乾学为师。在名师指导下，于两年中主持编纂了一部儒学汇编——《通志堂经解》，深受皇帝赏识。并把自己熟读经史的见闻感悟整理成文，编成4卷《渌水亭杂识》，书中包含历史、地理、天文、历算、佛学、音乐、文学、考证等知识，表现出相当广博的学识和爱好。

纳兰性德成为进士时年仅22岁，康熙爱其才，又因纳兰出身显赫，家族与皇室沾亲带故（纳兰的母亲出身爱新觉罗皇族；纳兰的曾祖父金台吉是叶赫部贝勒，其妹孟古格格即是皇太极生母），故被康熙留在身边授三等侍卫，不久后晋升为一等侍卫，多次随康熙出巡。还曾奉旨出使梭龙，考察沙俄侵边情况。

纳兰性德作为当朝重臣纳兰明珠的长子，本来注定荣华富贵，繁花着锦。作为皇帝身边的侍卫，以英俊威武的武官身份参与风流斯文的诗文之事。随皇帝南巡北狩，游历四方，奉命参与重要的战略侦察；随皇上唱和诗词，译制著述，因称圣意，多次受到恩赏；是人们羡慕的文武兼备的年少英才，帝王器重的随身近臣，前途无量的达官显贵。但作为诗文艺术的奇才，纳兰性德淡泊名利，在内心深处厌恶官场的庸俗虚伪，虽“身在高门广厦，常有山泽鱼鸟之思”。纳兰一生虽懂骑射、好读书，却并不能在一等侍卫的御前职位上挥洒满腔热情。

纳兰性德20岁时，与两广总督卢兴祖之女卢氏成婚。三年后卢氏难产去世，纳兰的悼亡之音由此破空而起，成为《饮水词》中拔地而起的高峰，后人不能超越，连其自己也再难超越。纳兰性德24岁时将词作编选成集，名为《侧帽集》，又著《饮水词》。后人将两部词集增遗补缺，共300多首，合为《纳兰词》。传世的《纳兰词》在当时社会就享有盛誉，为文人学士高度评价。时人云：“家家争唱《饮水词》，纳兰心事几人知？”可见其词的影响力之大。与朱彝尊、陈维崧并称“清词三大家”。

纳兰性德的忧伤惆怅，铸成了许多名句，也损害了他的健康，30岁即亡，如流星一样光芒短暂。

纳兰性德词内容涉及爱情、友谊、边塞、江南、咏物、咏史及杂感等方面，写景状物关于水、荷尤多。尽管以作者的身份经历，词作数量不多，眼界也并不算开阔，但是由于诗缘情而绮靡，而纳兰性德是极为性情中人，因而他的词作尽出佳品，况周颐在《蕙风词话》中誉其为“国初第一词手”。纳兰词不但在清代词坛享有很高声誉，在整个中国文学史上也占有光彩夺目的一席之地。纵观纳兰性德的词风，清新隽秀、哀感顽艳，颇近南唐后主。而他本人也十分欣赏李煜，曾说：“花间之词如古玉器，贵重而不适用；宋词适用而少贵重，李后主兼有其美，更饶烟水迷离之致。”

传世词作如：

《木兰花令·人生若只如初见》

人生若只如初见，何事秋风悲画扇。等闲变却故人心，却道故人心易变。
骊山语罢清宵半，泪雨零铃终不怨。何如薄幸锦衣郎，比翼连枝当日愿。

《浣溪沙·我是人间惆怅客》

残雪凝辉冷画屏，落梅横笛已三更；更无人处月胧明。
我是人间惆怅客，知君何事泪纵横；断肠声里忆平生。

纳兰性德饱读经书，却因落拓无羁的性格，与世俗难合；追求理想之爱情，而短暂即失；以及与文学挚友的聚散，使其无法摆脱内心深处的困惑与悲伤。因而对职业厌倦，对富贵轻看，对仕途不屑，对凡能轻取的身外之物无心一顾，但对求之却不能长久的真情，对心与境合的自然和谐状态，流连向往。以此形成了其文风。纳兰性德的诗词中，对荷花的吟咏、描述最多。以荷花来比喻高洁品格，是文人雅士们崇尚的境界。

※后人评说

清·顾贞观《通志堂词序》：容若天资超逸，悠然尘外，所为乐府小令，婉丽凄清，使读者哀乐不知所主，如听中宵梵呗，先凄惋而后喜悦。

清·顾贞观《纳兰词评》容若词一种凄忱处，令人不能卒读，人言愁，我始欲愁。

清·周之琦《箧中集》：纳兰容若，南唐李重光后身也。予谓重光天籁也，恐非人力所能及。容若长调多不协律，小令则格高韵远，极缠绵婉约之致，能使残唐坠绪，绝而复续，第其品格，殆叔原、方回之亚乎？

清·况周颐《蕙风词话》：容若承平少年，乌衣公子，天分绝高。适承元、明词敝，甚欲推尊斯道，一洗雕虫篆刻之讥。

王国维《人间词话》：纳兰容若以自然之眼观物，以自然之舌言情，此由初入中原，未染汉人风气，故能真切如此，北宋以来，一人而已。

吴敬梓(作家)

君将锐笔写儒林,物事人情感受深。

俗劣清高形百态,讥邪刺世见衷心。

吴敬梓(1701—1754年),字敏轩,一字文木,号粒民,清代安徽省滁州市全椒县人。作家,代表作《儒林外史》。

吴敬梓出身官僚世族家庭,远祖在明代永乐年间被封为骁骑尉,受邑江苏六合。高祖吴沛,博学多才,著有诗文相传。吴敬梓读书,过目辄能背诵,禀赋和才气过人。13岁丧母,14岁随父至赣榆县(今江苏省连云港市赣榆区)。时任县教谕的父亲吴霖起为官清廉、乐于奉献,先捐出一年的俸钱修教舍,后又变卖祖产良田、当铺、布庄、银楼等,筹银近万两,修建地震中毁坏殆尽的文庙、尊经阁,并且新建了"敬一亭"。吴敬梓为父亲尽力奉公的行为感到骄傲,也为父亲不善逢迎上级而被罢官感到不公。由此,对官场的不公有了初步的认识。

吴敬梓在父亲的监护教导下,奠定了扎实的文化基础,23岁考中秀才。那时意气风发,同友人聚会时曾作《观海》诗:"浩荡天无极,潮声动起来。鹏溟流陇域,蜃市作楼台。齐鲁金泥没,乾坤玉阙开。少年多意气,高阁坐衔杯。"可是不久,父吴霖起病故,族人因财产产生争斗,妻子不甘忍受欺凌而死。从此,吴敬梓的生活发生了巨大变化,对人生、对社会的看法也随之发生了变化。

吴敬梓素不习生计,又生性豁达,好助朋友,乡里视之为败家子。至 33 岁移家南京时,已到了囊无余钱的地步,还拒不参加博学鸿词科考试,仍旧结交朋友,“四方文酒之士,推为盟主”。后生活更加困顿,靠卖文和朋友接济度日,常“囊无一钱守,腹作干雷鸣”。54 岁时去投两淮盐运使卢见曾,途中与诗友王又曾在舟中痛饮,受了寒气而逝。其时,家中一贫如洗,卢见曾购棺装殓,葬金陵清凉山下。

吴敬梓一生创作了大量的诗歌、散文和史学研究著作,有《文木山房诗文集》12 卷,今存 4 卷。而确立其在中国文学史上杰出地位的是长篇讽刺小说《儒林外史》。

《儒林外史》是吴敬梓一生的见闻感悟。其富贵时未入仕途,旁观官场;落入贫困,不善经营,历经生活艰难。其一生,生活和思想都有极大的变化。生长在累代科甲的家族中,在南京和扬州两地,见惯了官僚豪绅、膏粱子弟、举业中人、名士清客,在这些“上层人士”的生活中愤慨地看到官僚的徇私舞弊,豪绅的武断乡曲,膏粱子弟的平庸昏聩,举业中人的利欲熏心,及名士的附庸风雅和清客的招摇撞骗。因此在《儒林外史》中对这种种类型的知识分子的精神生活的腐朽作了彻底的揭露。更由于生动的艺术形象的塑造,使其作品分外具有吸引和感动人的力量。

吴敬梓生活于资本主义萌芽时期,而清政府仍以科举制为诱饵,引诱知识分子堕入追求利禄的圈套,成为愚昧无知的政治市侩。吴敬梓看透了这种黑暗的政治和腐朽的社会风气,所以反对八股文,反对科举制,拒不愿参加博学鸿词科的考试。同时憎恶士子们醉心制艺,热衷功名利禄的习尚。对这些丑恶的事物进行了深刻的揭露和有力的批判, 显示了民主主义的思想色彩。

《儒林外史》的艺术特点:

一是讽刺手法的运用。它创造性地继承了古代文学中“刺政”“讽喻”的表现手法，以现实主义作为底色，以讽刺作为自己的美学追求，塑造了一个个生动的人物形象。奠定了我国讽刺小说的基石，对后来的文学影响巨大而深远。

二是在结构上与通常的长篇小说以中心人物、中心事件来结构故事的方式不同，而是以连缀的故事、相互衔接的人物，既独立又前后呼应地结成艺术整体。它是中国小说史上的一部带有开创意义的杰作。它与稍后出现的《红楼梦》一起，构成我国古代小说的又一高峰。胡适在《吴敬梓传》说：“安徽的第一大文豪，不是方苞，不是刘大櫆，也不是姚鼐，是全椒县的吴敬梓。”

※后世纪念

吴敬梓纪念馆，位于安徽全椒县河湾路。南临新襄河，背依走马岗，与吴敬梓故居“探花第”隔河相望。建筑仿明清风格，雕梁画栋，曲槛回廊，典雅幽静。大厅前立有吴敬梓铜像，馆里收藏有各种有关吴敬梓的研究资料。

曹雪芹（作家）

巨著红楼纳百科，纤云曲水泛烟波。

脂膏燃尽浮生虑，回首开篇道士歌。

曹雪芹（约 1715—约 1763 年），名霑，字梦阮，号雪芹，又号芹溪、芹圃，祖籍辽宁铁岭，生于江宁（今江苏省南京市）。清代作家，著《红楼梦》。

曹雪芹是江宁织造曹颙的遗腹子。曾祖母做过康熙帝的保母，祖父曹寅做过康熙帝的伴读和御前侍卫，后任江宁织造，兼任两淮巡盐监察御史。在康熙、雍正两朝，曹家祖孙 3 代 4 人主政江宁织造 58 年之久，家世显赫，极是富贵，成为当时南京第一豪门。康熙 6 下江南，曹寅接驾 4 次。曹雪芹早年托赖天恩，在昌明隆盛之邦、花柳繁华之地、诗礼簪缨之族、温柔富贵之乡享受了锦衣纨绔、富贵风流的公子哥生活 。每日与姊妹丫鬟们一处读书写字，吟诗作画，弹琴下棋。

曹家家学渊深，祖父曹寅有诗词集行世。因曾兼管扬州诗局，管领过《全唐诗》等二十几种精装书的刻印，故曹家藏书极多，精本有 3000 多类。曹雪芹成长于这样一个文化富裕的环境 ，在父兄影响、师友规训下，养成了好学的习惯，自幼便博览群书。但曹雪芹厌恶八股文，不喜四书五经，反感科举考试，喜欢的是诗赋词曲、小说戏文之类的文学书籍。同时他兴趣广泛，对金石、绘画、园林、中医、织补、工艺、饮食、养生、医药、茶道等百科文化知识和技艺莫不旁搜杂取。

曹雪芹13岁时，江宁织造亏空，被以转移财产等罪被抄家，全家迁回北京。曹家从此一蹶不振，日渐衰微。刚回北京时，尚有老宅房屋、地田、家仆，聊以度日。后来，亏缺一日重似一日，不免典房卖地，辞去家仆。曹雪芹逐渐长大，开始挑起家庭重担，为生活计，在京城广交社会名流。

乾隆元年（1736年），曹雪芹22岁，开始任内务府笔贴式差事，后来进入西单石虎胡同宗学任小职员。这段时期，与文坛名家接触多，在名家的影响下，见识渐长。至30岁时，其“奇谈娓娓”为人折服。曹雪芹增加了信心，树立了著书立说的志向。大约于本时期开始创作《风月宝鉴》。

曹雪芹33岁辞去差事，隐居北京西郊。住草庵，赏野景，觅诗卖画，心志在著述。在隐居西山的10多年间，以坚韧不拔的毅力，将旧作《风月宝鉴》“披阅十载，增删五次”著成《红楼梦》，并不断修改完善。

曹雪芹48岁，因幼子夭亡，陷于过度的忧伤和悲痛，卧床不起，于除夕病逝。

“生于繁华，终于沦落”的曹雪芹，家世从鲜花着锦之盛，一下子落入凋零衰败之境，使其深切地体验着人生悲哀和世道的无情，看到了封建贵族家庭不可挽回的颓败之势，同时也带来了幻灭感伤的情绪。其悲剧体验，诗化情感，探索精神，创造意识，全部熔铸到了《红楼梦》里。

曹雪芹的创作从取材到立意，个性鲜明。在《红楼梦》开卷第一回的两篇作者自序中，曹雪芹自述写作缘起、写作经历和心得体会，鲜明地表达了自己的文学思想和创作原则。首先批评了那些公式化、概念化、违反现实的创作倾向，认为这种创作远不如按自己的事体情理创作的作品“新鲜别致”，那些“大不近情，自相矛盾”之作，“竟不如我半世亲睹亲闻的这几个女子”。“至若离合悲欢，兴衰际遇，则又追踪蹑迹，不敢稍加穿凿，徒为供人之目而反失其真传者。”

曹雪芹取材既不借助于任何历史故事，也不以任何民间创作为基础，而是直接来源于现实社会生活。作品“如实描写，并无讳饰”，保持了现实生活的多样性和丰富性。从形形色色的人物关系中，显示出那种富贵之家的荒谬、虚弱及其离析、败落的趋势。是“字字看来皆是血”，渗透着作者个人血泪情感的故事。

曹雪芹写人物打破了过去“叙好人完全是好，坏人完全是坏”的俗套。其“所叙的人物，都是真的人物”，所表现的人物身份、性情、修养各异，没有重复。《红楼梦》通过几百个典型化的人物形象塑造，使古代小说人物塑造完成了从类型化到个性化的转变。

曹雪芹以诗人的敏感去感知生活，着重表现自己的人生体验，自觉地创造一种诗的意境。因此作品婉约含蓄，场景历历在目，含义却不直白。不像过去的小说是非分明地裁决生活，开设道德法庭，对人事进行判决。而是极写人物心灵的颤动、令人参悟不透的心理，人生无可回避的苦涩和炎凉冷暖，让读者自己品味。

《红楼梦》规模宏大、内容丰富、情节复杂、描写生动，塑造了众多具有典型性格的艺术形象，堪称中国古代长篇小说的高峰，在世界文学史上占有重要地位。《红楼梦》不仅对后世作家的创作影响深远，而且在绘画、影视等领域产生了大量优秀衍生作品，学术界围绕《红楼梦》进行探讨，因之形成了一种专门的学问——“红学”。

热爱生活又有梦幻之感，入世又出世，这是曹雪芹在探索人生方面的矛盾。这种矛盾贯穿于《红楼梦》全篇，曹雪芹并不是厌世主义者，并不真正认为人间万事皆空，否则，就不会那样痛苦地为尘世洒下辛酸之泪，就不会在感情上那样执着于现实追求。而由于现实之无情，无奈中回首《好了歌》。

※“红学”家评价

周汝昌：曹雪芹的一生，是不寻常的，坎坷困顿而又光辉灿烂。他讨人喜欢，受人爱恭倾赏，也大遭世俗的误解诽谤、排挤不容。他有老、庄的哲思，有屈原的《骚》愤，有司马迁的史才，有顾恺之的画艺和“痴绝”，有李义山、杜牧之风流才调，还有李龟年、黄幡绰的音乐、剧曲的天才功力……他一身兼有贵贱、荣辱、兴衰、离合、悲欢的人生阅历，又具备满族与汉族、江南与江北各种文化特色的融会综合之奇辉异彩。所以我说他是中华文化的一个代表形象。

蔡义江：曹雪芹是中国最伟大的文学家之一。他在世界文学史上的地位与成就，比之于莎士比亚、歌德、巴尔扎克、普希金、托尔斯泰都毫不逊色。

张庆善：曹雪芹的《红楼梦》以其深邃的思想、精湛的艺术和永恒的魅力，可以与世界上任何一部文学经典相媲美而毫不逊色，它永远矗立在世界文学的珠穆朗玛峰上，是中华民族的骄傲。

※后世纪念

北京、南京等地有纪念曹雪芹的建筑。

卫夫人(书法家)

下笔行文布阵图，形追万物百般殊。

道筋力骨成方楷，采得隋侯明月珠。

卫夫人(272—349年)，名卫铄，字茂漪，晋代河东安邑(今山西省定城市夏县北)人。女书法家。

卫铄，廷尉卫展之女，汝阴太守李矩之妻，世称卫夫人。卫氏家族世代工书，族祖卫瓘，西晋司空，录尚书事，与索靖同在中台，俱善草书，人称“一台二妙”。曾祖卫觊、祖父卫瓘、叔父卫恒，都是著名书法家和书法理论家。卫夫人自小受家族影响，勤于笔墨，用心揣摩，成为一个书法高手。丈夫李矩善长隶书，婚后家庭书法氛围浓厚。卫夫人还曾师承“楷书鼻祖”钟繇。钟繇在隶书基础上创立楷书，字形仍有隶书之影，多数呈扁方。卫夫人的楷书在钟繇书法基础上，字形变为方形，略长，似乎接受了篆书之形意，人称“方楷”。唐代张彦远在《法书要录》中说，卫夫人得“笔法于钟繇，熔钟、卫之法于一炉”。可见卫夫人的书法艺术是博取多家之长，而自成一家。

卫夫人有《名姬帖》《卫氏和南帖》传世。她曾作诗论及草隶书体，又奉敕为朝廷写《急就章》。其字形多为长方形，线条清秀平和，娴雅婉丽，去隶已远，说明当时楷书已经普遍成熟。宋陈思《书小史》引唐人韦续《书评》:“卫夫人书，如插花舞女，低昂芙蓉；又如美女登台，仙娥弄影；又若红莲映水，碧治浮霞。”连用三组美丽的形象来比喻卫夫人的书法，可见卫夫人的书法充溢着美感，带有女性之魅力。

卫夫人不但在书法艺术实践上有突出成就，而且在书法艺术理论方面也有重大建树。主张学习书法要上溯其源，师法古人，反对谙于道理，学不该赡，以致徒费精神。其在全面深入地钻研前人有关书法理论的基础上，撰有《笔阵图》一卷。

《笔阵图》首先提出，书法之妙“莫先乎用笔”。一是，要注意选笔。强调工欲善其事，必先利其器，要注意笔、墨、纸、砚的品种和产地。二是，下笔要先酝酿。说：“有心急而执笔缓者，有心缓而执笔急者。若执笔近而不能紧者，心手不齐，意后笔前者，败；若执笔远而急，意前笔后者，胜。”三是，不同书体应采用不同的笔法，如篆书是“飘扬洒落”，章草为“凶险可畏”，八分书为“窈窕出入”，飞白书为“耿介特立”，倘能“每为一字，各象其形”，则“斯超妙矣，书道毕矣”。

此外，卫夫人在《笔阵图》中还提出初学书法，“先须大书，不得从小”，“善鉴者不写，善写者不鉴”等理论原则。卫夫人概括她对书法艺术总体的认识，提出了“力筋”之说。认为：“下笔点墨画芟波屈曲，皆须尽一身之力而送之。”“善笔力者多骨，不善笔力者多肉。多骨微肉者，谓之筋书；多肉微骨者，谓之墨猪。多力丰筋者圣，无力无筋者病。”

卫夫人书，善于借鉴物象，在《笔阵图》中，对汉字的 7 种基本笔画做了形象的描述。说：“横”如千里之阵云，“点”似高山之坠石，“撇”如陆断犀象之角，“竖”如万岁枯藤，“捺”如崩浪奔雷，“努”如百钧弩发，“钩”如劲弩筋节。

卫夫人与王羲之母亲为中表亲戚，王羲之从小在卫夫人身边学习，卫夫人是王羲之书法的启蒙老师。

卫夫人是中国古代第一位女书法家，民间流传着许多有关她的故事。其以毕生书法艺术实践得出的认识，为后代书法家指出了努力方向和途径，也成为中国书法理论中的重要内容和评判标准，对历代书法理论和实践的发展都产生了巨大影响。

永和五年(349 年)，卫夫人卒，时年 78 岁，葬于浙江嵊州。

顾恺之（画家）

尔将人物述凡尘，笔力传神洛水滨。

画意诗情源现实，绘图从此重写真。

顾恺之（约 348—409 年），字长康，东晋晋陵无锡（今江苏省无锡市）人。书画家、诗人，代表作《洛神赋图》。

顾恺之出身江南士族家庭，先辈几代为孙吴及晋朝官员。父亲顾悦之，字君叔，历任扬州别驾、尚书右丞。顾恺之曾为桓温及殷仲堪参军，一生沉醉于文学艺术，淡于名利地位，晚年才任通直散骑常侍等。

顾恺之博学多才，擅诗赋、书法，尤其善于绘画。精于人像、佛像、禽兽、山水等，时人称之为“三绝”：画绝、才绝和痴绝。其以“痴黠参半”“明哲保身”的处世哲学，达到其艺术的最高成就。谢安深重之，以为“苍生以来未之有”。顾恺之与曹不兴、陆探微、张僧繇合称“六朝四大家”。

顾恺之的绘画作品，据唐宋人的记载，除了一些政治上的名人肖像以外，也画有一些佛教的图像，及一些神仙的图像，这与当时流行的信仰有关。另外还有飞禽走兽等，这种题材受汉代绘画的影响。而顾恺之最值得人们重视的是不少名士的肖像画。

顾恺之表现人物，其一注意描绘人的生理细节，表现人物神情，如画裴楷像时颊上加三毛。其二善于利用环境来表现人物的志趣风度，如画谢鲲像于岩壑中。其三对人物衣服装饰用笔细腻，衣纹用高古游丝描，线条紧劲连绵，如春蚕吐丝、春云浮空、流水行地，自然流畅。

顾恺之在绘画理论上也有突出成就，今存有《魏晋胜流画赞》《论画》《画云台山记》3 篇画论。提出了“传神写照”“以形写神”“迁想妙得”等观点，重视对象的体验、观察，通过迁想妙得来把握对象的内在本质，表现人物的内在精神状态和性格特征，在形似的基础上以形写神。顾恺之的绘画及其理论，为中国传统绘画的发展奠定了基础。

顾恺之画作甚丰，有《女史箴图》《洛神赋图》《列女仁智图》《斫琴图》《司马宣王像》《谢安像》《刘牢之像》《夏禹治水图》《桂阳王美人图》《庐山会图》等等。顾恺之作品真迹没有保存下来。相传于世的后人摹本有《女史箴图》《洛神赋图》《列女仁智图》等。《女史箴图》，绢本，淡设色，藏英国伦敦不列颠博物馆，多数人认为是唐代摹本。

《洛神赋图》是顾恺之传世精品，今存宋摹本。该图绢本，设色，纵 27.1 厘米，横 572.8 厘米。内容取自曹植的《洛神赋》，全卷分为 3 个部分，曲折细致而又层次分明地描绘了曹植与洛神真挚的爱情故事。此图卷无论从内容、艺术结构、人物造形、环境描绘及笔墨表现的形式来看，都不愧为中国古典绘画中的瑰宝。

顾恺之的人物肖像画在中国画史上是一次跨越。它改变了汉代以来以宣扬礼教为主题的风气，而转向表现现实人物的新思路，即离开礼教和政治而重视人物的言论丰采和才华，将绘画艺术视野扩大，同时也为人物画提出了新的要求——表现人的性格和精神特点。在顾恺之的著作言论中，反复强调描写人的神情和精神状态。

唐代张怀瓘对其画评价甚高，云：“张僧繇得其肉，陆探微得其骨，顾恺之得其神。”

董　源(画家)

仁山智水育高人，溪岸疏林隐士绅。

细墨闲心描意趣，披麻皴法更传真。

董源（？—约962年），一作董元，字叔达，五代南唐钟陵（今江西省南昌市进贤县）人，画家，善山水，代表作《潇湘图》。

董源自称“江南人”，主要活动在南唐中主(934—960年)时期。因任过北苑副使，故人称“董北苑”。董源生于动荡之秋，无心功名，志于艺术。又因在青山绿水人文荟萃之地成长，而酷爱山水自然。

董源善画山水，其山水多以江南真实山水入画，史载其画“平淡天真，唐无此品”。米芾曾盛赞其山水曰：“峰峦出没，云雾显晦，不装巧趣，皆得天真”。五代的《画鉴》里记载，“董源山水有二种：一种水墨，疏林远树，平远幽深，山石作披麻皴；一种着色，皴文甚少，用色浓古，人物多用红青衣，人面亦有粉素者。二种皆佳作也。”北宋沈括在《梦溪笔谈》中提到：“董源善画，尤工秋岚远景，多写江南真山，不为奇峭之笔”。又称“其用笔甚草草，近视之几不类物象，远观则景物粲然……”。画史上把董源、范宽、李成，称为北宋初年的三大家。

董源也画牛、虎、龙及人物。但其最有独创性而且成就最高的是水墨山水。董源运用披麻皴和点苔法来表现江南一带的自然面貌，神妙地传写出峰峦晦明、洲渚掩映、林麓烟霏的江南景色。其笔墨技法与所表现的特定景色充分适应，在技巧上富有创造性。其名作《夏景山口待渡图》和《潇湘图》，将夏天江南的丘陵，江湖间草木畅茂、云气滃郁的特定景色表现得淋漓尽致。

董源绘山水，很重视对山水画中点景人物的刻画，每每都带有风俗画的情节性，有时实为全画的题旨所系。点景人物虽形体细小，却简而实精，人物皆设青、红、白等重色，与水墨皴点相衬托，别具一种秾古之趣。如《潇湘图》中的南方山水，一片湖光山色，山势平缓连绵，山峦多用披麻皴，并以墨点渲染山峦之上的植被，平远的构图方式和近景中大片水域的结合，让画面有很强的空间感，更呈现出江南山水的迷蒙。山水之中又有人物渔舟其间，赋色鲜明，趣味横生，为寂静幽深的山林增添了无限生机。

董源的山水画曾得到南唐中主李璟的垂青。据说李璟年轻时曾在庐山修建别墅，将山泉林园胜景融为一体。后居江宁(南京)时，为了能时时看到庐山景致，特命董源画了一幅《庐山图》。董源将五老奇峰、云烟苍松、泉流怪石和庭院别墅巧妙地绘入一图。李璟观后，称赞不绝，爱不释手，命人挂在卧室里，朝夕对画观赏，犹如长居庐山中。由此可见董源构思的巧妙和绘画艺术的高超。

董源所创造的水墨山水画新格法，当时有巨然和尚的追随，后世遂以“董巨”并称。在宋代，米芾、沈括十分欣赏董巨画派，到了元代，取法董巨的风气渐开。汤垕认为：“唐画山水至宋始备，如(董)元又在诸公之上。”元末四家和明代的吴门派，更奉董源为典范。明末“南北宗”论者虽然在理论上尊王维为“南宗画祖”，但实际上却是在追述董源。元代黄公望：“作山水者必以董为师法，如吟诗之学杜也。”清代王鉴说：“画之有董巨，如书之有钟王，舍此则为外道。”董源在后世能够产生如此深远的影响，在中国山水画史上是罕见的。

五代至北宋初年是中国山水画的成熟阶段，形成了不同风格，后人概括为“北派”与“南派”两支。董源被誉为南派山水画开山鼻祖。

董源现存世作品有《夏景山口待渡》《潇湘图》《夏山》《龙宿郊民》《溪岸图》等。其《潇湘图》被画史视为“南派”山水的开山之作，也是中国山水画史上代表性作品之一。

米　芾(诗人,书、画家)

意趣平生不在官,一怀情愫注毫端。

匠心长对山间石,谁解痴癫得失难。

米芾(1051—1107年),初名黻,后改芾,字元章,北宋湖北襄阳人,因称“米襄阳”;时人号“海岳外史”,又号“鬻熊后人”“火正后人”。诗人、书法家、画家,书画理论家。

米芾能诗文,擅书画,精鉴别,书画自成一家,创立了“米点山水”。集书画家、鉴定家、收藏家于一身。其个性怪异,举止癫狂,遇石称兄,膜拜不已,因而人称“米颠”。宋徽宗诏为书画学博士,故又称“米南宫”。

米芾出身仕宦家庭,7岁时开始学习书法,10岁写碑刻,临周越、苏轼等字帖,人谓有李邕笔法。17岁时,随姨妈阎氏离乡来到京都汴梁侍奉英宗高皇后。宋神宗继位,因不忘米芾姨妈阎氏的乳褓旧情,恩赐米芾为秘书省校字郎,后曾任临桂县尉、含光县尉、雍丘知县、无为军知州,书画学博士、礼部员外郎等。卒于淮阳军知州任上。

米芾对仕途不在意,一生倾注艺术。对书法,每日临帖,自称“集古字”。“一日不书,便觉思涩。”曾说:“余写《海岱诗》,三四次写,间有一两字好,信书亦一难事。”

米芾在长期的临古帖中有独到的体会，在书法的分布、结构、用笔上逐渐形成自己的风格。要求“稳不俗、险不怪、老不枯、润不肥”。后人总结“唐言结构，宋尚意趣”。“宋尚意趣”是指宋代书法家讲求意趣和个性，而米芾在这方面尤其突出。米芾习书，如姜夔所记的“无垂不缩，无往不收”，即在变化中达到统一，把裹与藏、肥与瘦、疏与密、简与繁等对立因素融合起来。其用笔特点，是善于在正侧、偃仰、向背、转折、顿挫中形成飘逸超迈的气势、沉着痛快的风格。在章法上，重视整体气韵，兼顾细节的完美。

米芾的绘画也从临摹开始，达到可以乱真的地步。其绘画风格出于董源。董氏的绘画多写江南山色，米芾也欣赏江南水乡瞬息万变的“烟云雾景”“天真平淡”。而米芾的创新，在于将董、巨绘画艺术的“点”作为造型的全部，发展成为一种写意法——以“点”代“皴”的写意画法。即以圆深凝重的横点错落排布，连点成线，以点代皴，积点成片，泼、破、积、渍、干、湿并用，辅以渲染表现山林、树木的形象和云烟的神态。这样就基本放弃了钩皴点擦的传统方法。米芾画真迹不存在于世，其自著的《画史》记录了收藏、品鉴古画的经历以及自己对绘画的审美情趣、创作心得等。

米芾一生酷爱石，人称“石痴”。每次遇到天然奇石则流连忘返。在安徽无为任上，将河边一块奇形怪石，搬进自己的寓所，每日祭拜，称石为兄，并作了《拜石图》。被人视为荒谬以至被罢官。对文房石类，收藏甚多。曾装癫索要宋徽宗心爱之砚，曾以500两黄金购买李煜遗砚，曾抱着一块端石砚三天三夜不离手。著作《砚史》，记有“相石四法”等见解，《四库全书提要》曾给予很高评价，《砚史》对后世研究砚石的影响很大。

米芾又能诗，诗称意格，高远杰出，自成一家。兹录一首如下：

《诉衷情·思归》

劳生奔走困粗官。揽镜鬓毛斑。物外平生萧散，微宦兴阑珊。
奇胜处，每凭阑。定望远。好山如画，水绕云萦，无计成闲。

米芾回避官场逢迎，赢得了很多的时间和精力来玩石、赏砚、钻研书画艺术。其对艺术的追求到了如痴如醉的境地。在常人眼里是不入凡俗，而这也正是其成功之奥妙。其自作诗："柴几延毛子，明窗馆墨卿，功名皆一戏，未觉负平生。"米芾满足于自己的艺术平生。

※后人评说

明·宋濂《宋濂全集·跋米南宫夷旷帖》：予尝评海岳翁书如李白醉中赋诗，虽其姿态倾倒，不拘礼法，而口中所吐，皆成五色文。

※后世纪念

后人建有米公祠（米芾纪念馆），中国米芾书法公园在江苏省镇江市丹徒区。米芾墓在江苏省镇江市南郊，衣冠冢前联曰：

抔土足千秋，襄阳文史宜和笔；

丛林纳数武，来朝郎署米家山。

赵　佶(书、画家)

瘦金书体缺波澜，难应朝堂诸事繁。

国事原无文事趣，斯长彼短失江山。

赵佶(1082—1135年)，即宋徽宗，东京(今河南省开封市)人。宋朝第8位皇帝，书画家，书创“瘦金体”，画称“院体”。

赵佶自幼爱好广泛，对笔墨、丹青等艺术和骑马、射箭、蹴鞠等活动，都有着浓厚的兴趣，尤其在书法绘画方面，更是表现出非凡的才华，书画作品俱佳。

赵佶继位得益于向太后，即位后，向太后主持国事，任命守旧派，贬斥新派。至还权予赵佶宋徽宗后，徽宗启用新法，任用新派，即位初期颇有明君之气。

蔡京打着绍述新法的旗号，又擅长书法，得到宋徽宗的信任，任为相。数年后蔡京排斥异己，逐渐党羽遍布天下，贿赂公行，卖官鬻爵，苛捐杂税，民不聊生，致使反抗官府的起义不断。外交方面又失策，先联金击辽，而后败于金。在金军兵临城下时，宋徽宗匆匆禅让给太子赵桓。靖康元年(1126年)，宋徽宗与子钦宗赵桓被俘，押送北方囚禁。北宋随之灭亡，史称“靖康之变”。赵佶被金帝封为昏德公。期间，赵佶受尽精神折磨，写下了许多悔恨、哀怨、凄凉的诗句，如：

《在北题壁》

彻夜西风撼破扉，萧条孤馆一灯微。
家山回首三千里，目断天南无雁飞。

《眼儿媚·玉京曾忆昔繁华》

玉京曾忆昔繁华。万里帝王家。
琼林玉殿，朝喧弦管，暮列笙琶。
花城人去今萧索，春梦绕胡沙。
家山何处，忍听羌笛，吹彻梅花。

《醉落魄·预赏景龙门追悼明节皇后》

无言哽噎？看灯记得年时节。行行指月行行说。
愿月常圆，休要暂时缺。
今年华市灯罗列。好灯争奈人心别，人前不敢分明说。
不忍抬头，羞见旧时月。

赵佶的天才在艺术。其书法在学薛曜、褚遂良的基础上，创造出独树一帜的“瘦金体”，瘦挺爽利，侧锋如兰竹，与其所画工笔重彩相映成趣，一时被人效仿。然其书法如其个性，轻柔而缺少厚重，难压群雄。

赵佶爱画，是工笔画的创始人。花鸟、山水、人物、楼阁，无所不画。赵佶将画家的地位提到中国历史上最高的位置。成立翰林书画院，即宫廷画院，培养了如张择端、王希孟、李唐等一批杰出的画家。并以画作为科举升官的一种考试方法，还每年以诗词做题，产生了许多创意，因此极大地刺激了中国画意境的发展。赵佶编纂的《宣和书谱》《宣和画谱》《宣和博古图》等书，是美术史研究中的珍贵史籍，至今仍有极其重要的参考价值。

赵佶提倡诗、书、画、印结合。创作时，常以诗题、款识、签押、印章巧妙地组合成画面的一部分，这成为元、明以后绘画派传统特征之一。

赵佶尊信道教，大建宫观，自称教主道君皇帝。赵佶对中国茶事的发展也做出了贡献，其最大贡献是组织编撰了中国茶书经典之一的《大观茶论》，为历代茶人所引用。

※后人评说

元·脱脱《宋史·徽宗纪》：宋徽宗诸事皆能，独不能为君耳。

明·万侗《良斋杂说》：李后主亡国，最为可怜，宋徽宗其后身也。

张择端（画家）

一卷风情展宋都，千姿百态各其殊。

后人多作临摹范，难比清明汴水图。

张择端（1085—1145年），字正道，北宋琅琊东武（今山东省诸城市）人，居住于东京（今河南省开封市）。画家，代表作《清明上河图》。

张择端生平事迹不详。早年游学汴京，后习绘画，宋徽宗赵佶在位时期供职翰林图画院。专攻界画（中国画中以界笔、直尺划线的技法，用以表现宫室、楼台、屋宇等），尤擅绘舟车、市肆、桥梁、街道、城郭。后因金兵南下北宋亡，失位家居，卖画为生。

张择端是北宋末年杰出的现实主义画家，其作品大都失传，存世作品仅有《清明上河图》《金明池争标图》，均为我国古代的艺术珍品。其身世记载，出自现存于故宫博物院的《清明上河图》题跋——金代人张著的跋文，全文85个字。

《清明上河图》主要是描绘北宋都城东京（开封）的街市、漕运及近郊的社会生活景象，属典型的现实风俗画。画卷突出地表现了街市的繁荣和漕运的忙碌。作品气势恢弘，长528.7厘米、宽24.8厘米，绢本设色。画有587个不同身份的人物（据日本学者齐藤谦所撰《拙堂文话·卷八》统计，《清明上河图》上共有各色人物1643人，比古典小说《三国演义》1191人、《红楼梦》975

人、《水浒传》827人中任何一部描绘的人物都要多)。并画有13种动物、9种植物,各种牲畜共56匹,不同车轿20余辆,大小船只20余艘。这幅现实主义的杰作,是研究北宋东京城市经济及社会生活的宝贵历史资料。

《清明上河图》超群之处,主要有:

题材方面创新。画卷突破了唐以来的人物画主要以宗教活动和贵族生活为题材的范围,开始表现新兴市民阶层的生活场面——属于下层人民的船夫、纤夫、建造工人和其他劳动者。将数以百计的民众的世俗生活与商业经济活动作为画面的主体,并加以准确的艺术概括。这在中国古代绘画中是罕见的,就是在现代绘画中也少见。

艺术方面经典。一是全图规模宏大,而结构严密,起伏有序。有热闹繁华的街市,有忙碌惊险的漕运,也有自然闲静的郊野,动静兼得。图中市肆、桥梁、街道、城郭刻画细致,界画精确;房舍、舟车、树木、河流无一不至臻至妙。二是各式各样的人物动作和神情惟妙惟肖,生动逼真,可谓"豆人寸马,形象如生"。充分展示了画家丰厚的生活积累和娴熟技巧。

北宋年间的汴京极繁盛。城内四河流贯,陆路四达,为全国水陆交通中心,商业发达居全国之首。当时人口达100多万。张择端选择了清明这个重要节日的景象,记述了北宋首都当年的繁华,其画即是一页历史。这一页历史长卷在中国绘画史上成为中国风俗画的一个里程碑,是中国十大传世名画之一,在世界绘画史上独一无二。

《清明上河图》本是进献给宋徽宗的贡品,宋徽宗用瘦金体亲笔在画上题写了图名,宋徽宗是此画的第一位收藏者。后几经流落,进出宫廷。历代临摹者极多,然而都难于达到张择端原作的水平。目前国内外公私收藏的《清明上河图》摹本大约有30幅。原作现藏北京故宫博物院。

张择端描绘的"舟船往复,飞虹卧波,店铺林立,人烟稠密"的京都繁华景象印在人们脑海里,张择端的名字也与史长存。

王希孟（画家）

千里江山气势雄，丹青叠彩意融融。

一生难有成名作，一作成时百练功。

王希孟（1096—?年）生平事迹不详。北宋时人，画家。作有《千里江山图》。

王希孟10余岁入宫中“画学”（习画学校）为徒，宋徽宗时考入图画院学习。后召入禁中文书库，奉事徽宗左右。宋徽宗慧眼独具，认为“其性可教”，亲授其法。王希孟日夜勤奋苦练笔墨技法，画艺精进，尤工山水。

徽宗政和三年（1113年），王希孟用了半年时间绘成名垂千古之鸿篇杰作《千里江山图》，时年仅18岁。据《千里江山图》卷后蔡京题跋，知其18岁时为徽宗画院生徒，山水画创作曾得徽宗亲自指导。但王希孟创作了这卷《千里江山图》后便无音讯。

《千里江山图》是中国北宋青绿山水画作品。此图为绢本，设色，纵51.5厘米，横1191.5厘米。作品以长卷形式，描绘了连绵的群山冈峦和浩渺的江河湖水，于山岭、坡岸、水际中布置、点缀亭台楼阁、茅居村舍、水磨长桥及捕鱼、驶船、行旅、飞鸟等。景物繁多，气象万千。作者以“咫尺有千里之趣”的表现手法和精密的笔法，描绘了祖国的锦绣河山。画面中千山万壑争雄竞秀，江河交错，烟波浩渺，气势十分雄伟壮丽。山间巉岩飞泉，瓦房茅舍，苍松修竹，绿柳红花。山与溪水、江、湖之间，渔村野渡、水榭长桥，应有尽有，令人目不暇接。

构图于疏密之中讲求变化，气势连贯。布局交替采用深远、高远、平远的构图法则，撷取不同视角以展现千里江山之胜。意境雄浑壮阔，气势恢宏，充分表现了自然山水的秀丽壮美。技法以披麻皴与斧劈皴相合，表现山石的肌理脉络和明暗变化。

全图以大青绿为基调；山脚、屋墙、水天交接处用深浅各异之赭石色渲染；屋顶用浓黑；人物多粉画。用笔敷彩精细，轻重浓淡生动活脱，灿烂艳灼，美不胜收，千里江山秀丽多姿，雄伟壮观。时人赞其画“一点一画均无败笔，远山近水，山村野市，渔艇客舟，桥梁水车，乃至飞鸟翔空，细若小点，无不出以精心，运以细毫”，人物如蚁，不可胜数，生息劳作，生动活泼。

在运笔上，作者继承了传统青绿山水画法，更趋细腻严谨，点画晕染均能一丝不苟，人物虽小如豆，却形象动态鲜明逼真。万顷碧波，皆一笔一笔画出。渔舟游船，荡漾其间，使画面平添动感。在用色上，作者于单纯的青绿色中求变化，有的浑厚，有的轻盈，间以赭色为衬托，使画面层次分明，鲜艳如宝石之光，灿烂夺目。

《千里江山图》画面上江水浩荡，浩渺天际，应是南方水色；而群山起伏，略少平原，危峰断崖，却是北方山景。全图将大自然的鬼斧神工，崇山峻岭、岗阜幽壑、飞瀑激流、树丛竹林等，与人类创造的景象，亭台水榭、寺观庄院、舟楫亭桥、村落水碾等，以及难以计数、各行其是的众人组合相融，尽得其妙。《千里江山图》无愧为中国十大传世名画之一。

该图卷后有宋代蔡京、元代李溥光题记。曾经南宋内府、元代李溥光、清代梁清标及乾隆内府收藏。现藏故宫博物院。

黄公望（画家）

官场不顺羡山居，入道归心作画痴。
久沐江风师造化，万千思绪富春知。

黄公望（1269—1354年），本名陆坚，元代江浙行省常熟县（今属江苏）人，后过继永嘉府平阳县（今浙江省温州市苍南县）黄氏为子，居于常熟虞山小山，因改名黄公望。画家，代表作《富春山居图》。

黄公望生于常熟，父母早逝，家贫。7岁时被侨居在常熟虞山的一位黄姓老人收为子。老人为之取名黄公望，寓“黄公期望”意，予以教育培养。

黄公望从小遍读四书五经，希望通过科举入仕，可是到了45岁，才在浙西廉访司当了一名掾吏。不久，因上司张闾贪污舞弊掠夺田产逼死了人命，张闾被朝廷治罪，黄公望受牵连也被抓入监狱。

黄公望出狱时，已经过了50岁。有人介绍其入官府做幕僚，但黄公望已经看破红尘，拒绝再与官府交往，皈依了全真教，别号“大痴道人”，在江浙一带卖卜为生。期间漫游乡野，感悟自然，对江河山川发生了浓厚兴趣，遂开始学绘画。

黄公望居常熟虞山时，每日观察虞山的朝暮变幻的奇丽景色，得之于心，运之于笔。其山水画素材，就来自于这些山林胜处。居松江时，观察山水更是到了如痴如醉的地步，为了领略山川的情韵，有时终日在山中静坐，废寝忘食。富春江北有大岭山，黄公望晚年，约70岁后即隐居于此，四季与大岭山相伴，经年累月酝酿创作《富春山居图》。此图从构思、动笔到绘制大约用了七八年时间，完稿时，黄公望已经84岁高龄。为了画好这幅画，其不顾年高，终日奔波于富春江两岸，观察烟云变幻之奇，领略江山钓滩之胜。身上总是带着皮囊，内置画具，每见山中胜景，必取具展纸，摹写下来。富春江边的许多山村都留下其足迹。深入的观察，真切的体验，丰富的素材积累，使《富春山居图》的创作有了扎实的生活基础，加上其晚年炉火纯青的笔墨技法，因此落笔得以从容。

《富春山居图》描写富春江两岸初秋景色。近景坡岸水色，峰峦冈阜，陂陀沙渚。远山隐约，徐徐展开，山峦连绵起伏，群峰竞秀，远岫渺茫。数十个山间点缀村舍、茅亭。江面宽处，天水一色，水中鸭群浮沉游戏，岸边垂钓人安静闲逸。山脚水波，风起云涌。山水布置层次分明，疏密得当。

在《富春山居图》中，看不到用大片的浓墨进行表现的景象，而是在淡雅的笔调中体现出秋天的味道。画中，大多通过干枯的线条来进行表现，浓墨和湿墨只有在树的描绘中可以看到，这就是所谓的枯中有润的特点，既随意又不失柔和。在对山进行表现的时候，不管是浓墨还是淡墨，都是采用干枯的笔调来进行勾勒，逐渐由淡到浓，最后通过浓墨来对其进行勾点，从而达到一气呵成的效果。在画树的时候，树干部分或者没有骨，或者简单两笔便勾勒出来，树叶的分布则显得错落有致。黄公望只运用一笔便实现了形和墨之间的变化，使整幅画面显得丰富多变，形神兼备。

黄公望学画师法董源、巨然，兼修李成之法，得赵孟頫指授。在《富春山居图》中，按照富春山脉络的延伸，应用了“长披麻皴”的画法，江面以横向长皴来表现水面波纹，与山体相交接的浅水处也用长线条皴擦来表示。高峰和平坡用浓淡朦胧的横点，描写丛林，用变化了的“米点皴”。

作者一生的心路历程，在《富春山居图》中做了归结。其由喧嚣的社会矛盾纷争转入悠长的山水自然，诚如东坡居士言："重重似画，曲曲如屏。算当年，虚老严陵。君臣一梦，今古空名。但远山长、云山乱、晓山青。"图中的渔、樵、隐者居于山林而忘于江湖。时世更替，朝代兴衰，而山水永恒。

《富春山居图》完成后，黄公望赠予师弟郑樗（无用上人）。后几经易手，至清因收藏者"焚画殉葬"而身首两段，前半卷"剩山图"（短），现收藏于浙江省博物馆；后半卷"无用师卷"（长），现藏台北故宫博物院。

《富春山居图》纸本水墨画。宽 33 厘米，长 636.9 厘米，是中国十大传世名画之一。

黄公望存世作品还有《九峰雪霁图》《丹崖玉树图》《天池石壁图》等。其所作水墨画笔力老到，简淡深厚，又于水墨之上略施淡赭，世称"浅绛山水"。晚年以草籀笔意入画，气韵雄秀苍茫，与吴镇、倪瓒、王蒙合称"元四家"。黄公望擅书能诗，撰有《写山水诀》，为山水画创作经验之谈。

※后人评说

明代书画家沈周：墨法笔法，深得董、巨之妙。……噫！以画名家者，亦须看人品何如耳。人品高，则画亦高，古人论书法亦然。

明代书画家董其昌：吾师乎！吾师乎！一丘五岳，都具是矣！…… 此卷一观，如诣宝所，虚往实归，自谓一日清福，心脾俱畅。……诚为艺林飞仙，迥出尘埃之外者也。

明代画家邹之麟：知者论子久画，书中之右军也，圣矣。至若《富春山居图》，笔端变化鼓舞，又右军之《兰亭》也，圣而神矣。

朱　耷(诗人,书、画家)

已是神仙道上人,清风不带半分尘。

秃毫落纸无余墨,简约心思载本真。

朱耷(1626—约1705年),本名朱统托,字雪个,号八大山人、个山、人屋、道朗等,明末清初江西南昌人。画家。

朱耷是明太祖朱元璋第十七子宁王九世孙,宁王改封南昌后,历代子孙世居南昌等地。祖父朱多炡是诗人兼画家,山水画风多宗法二米,颇有名气。父亲朱谋觐,擅长画山水花鸟,名噪江右。叔父朱谋垔也是画家,著有《画史会要》。朱耷生长在宗室家庭,从小受到家庭艺术陶冶,8岁时便能作诗,11岁能画青山绿水。朱耷19岁时明朝灭亡,不久父亲去世,内心极度忧郁,便假装聋哑。23岁时妻子亡故,朱耷带弟“出家”,至奉新县耕香寺,剃发为僧,自此改名雪个。28岁至36岁期间,曾带着母亲和弟弟住在南昌市进贤门外绳金塔附近,卖画为生。后看中了南昌市郊一座历史悠久的道观天宁观,遂信奉道教,并将道院更名为“青云圃”(后人改称“青云谱”)。

朱耷约39岁时定居青云谱道院,亦道亦僧,亦诗亦画。约60岁时开始用“八大山人”署名诗画。朱耷晚年常住在南昌城内北竺寺、普贤寺等地。后在南昌城郊潮王洲上，搭盖了一所草房，题名为“寤歌草”。在这所草屋中度过了孤寂、贫困的晚年，直至去世。

朱耷擅书画，而作品个性鲜明。其山水画，近师董其昌，远法董源、巨然、郭熙、米芾、黄公望等诸大家。古人的法则，信手拈来笔下，所绘山石树木，茅亭房舍等，逸笔草草，看似漫不经心，随手拾掇，而干湿浓淡、疏密虚实、远近高低，笔笔无出法度之外，意境全在法度之中。这种无法而法的境界，是情感与技巧的高度结合，使艺术创作进入到一个自由王国。将中国水墨写意画艺术推向高峰，对后世影响极大。

其花鸟以水墨写意为主，形象夸张奇特，笔墨凝练沉毅，风格雄奇隽永。笔致简洁，有静穆之趣，得疏旷之韵。其花鸟画用墨极少，一花一鸟不是盘算多少、大小，而是着眼于布置上的地位与气势，因能“少”而不“小”。如在绘画布局上发现有不足之处，即用款识补其意。八大山人能诗，书法又精妙，所以画面即使简洁，有了题诗，意境就充足了。

朱耷出身王侯之家，遭受国与家之不幸，因而其花鸟画常有晦涩之感，他通过隐晦的方式表达自己的情感。其一生坎坷，曾一度精神失常，痛定思痛后，选择背过身去，与世隔绝，在创作中安放自己孤独的灵魂。其诗曰：“墨点无多泪点多，山河仍是旧山河。横流乱世杈椰树，留得文林细揣摹。”

朱耷画作代表作品有《水木清华图》《荷花水鸟图》《松石图》等。

朱耷的画用笔极简，而富有意蕴。这风格是中国书画史上之空前。

朱耷的书法如其画，笔墨随性自然而简约，自成风格。

※后世纪念

八大山人纪念馆，位于南昌市郊青云谱区。是新中国最早的古代画家纪念馆，集收藏、陈列、研究为一体。馆中藏品丰富，周遭风景优美，是历史悠久的江南名园。

馆中佳联多，如：诵南华秋水；追北海高风。

谈口趣中皆是道;文词妙处不离禅。

满腔热情,寄之书,寄之画,看笔墨神奇,真正是前无古人,后无来者;

旧园遗恨,隐于道,隐于佛,彼襟怀高旷,好一幅梅横疏影,松满清风。(陶博吾联)

石　涛（画家）

山水漫游寻自我，高僧意兴不和同。

奇峰列就胸中稿，墨法云云一画通。

石涛（1642—约1718年），原姓朱，名若极，字石涛，清初广西桂林人。画家、绘画理论家。著有《石涛画语录》，又名《苦瓜和尚画语录》，提出“一画论”。

石涛为明宗室后裔，明靖江王朱亨嘉之子，明亡时3岁。约10岁时父亲被南明处死，由宦官喝涛带至全州湘山寺出家为僧，法名原济，字石涛。15岁后云游四方，辗转于广西、江西、浙江、安徽、江苏、陕西、河北等地，大半个中国，奇山异水处均去游览。石涛一边游览胜景，一边以画笔记录，同时访问名流，互相学习、切磋艺术。50岁后，步入晚年，始定居扬州，钻研画艺，其绘画艺术逐渐达到炉火纯青的阶段。

石涛对绘画创作首先强调立意。“师法自然”，“搜尽奇峰打草稿”，这是其绘画艺术取得成功的关键。技法方面主张变革和创新。既吸收传统文化的精髓，又不受传统精神束缚，反对墨守成规，敢于破陈法，强调“我自用我法”。把绘画创作和审美体系构成为“借笔墨以写天地而陶泳乎我也”。所作凡山水、花鸟、人物、走兽无不精擅且富有新意，尤以山水画最佳。代表作品如《余杭看山图卷》《卓然庐图轴》《溪南八景图册》等，件件精绝。

清初在“南北宗”学说影响下，摹古之风日炽。这时，石涛自标新格，对这种风气毫不理会。认为：“古之须眉，不能安在我之面目；古之肺腑，不能安入我之腹肠。”甚至说：“不恨臣无二王法，恨二王无臣法。”高标独树的石涛，其哲学思想也有异于常人之处。

石涛是明朝宗室，原本安定富贵，因国亡家破，流落四方，或滞留异乡。世界上的事物瞬息万变，薄薄的云雾可以遮掩巍巍高山，地位显赫的王孙公子转眼一落千丈，抑或伤亡。千古不变的祖宗成法是没有的。山高海深，两者是截然不同的自然体，但在石涛看来，“山即海也，海即山也”。坐禅入定，超凡脱俗。其身世感受与佛道思想共同作用于绘画，以心中意念创造一个新的宇宙，这是石涛绘画艺术的最高境界。其画艺不仅立于同时代许多画家之上，在中国绘画史上也属出类拔萃。石涛不仅画艺高超，其绘画理论专著也独有见识。

石涛的《苦瓜和尚画语录》，人们简称《画语录》。这一著作，石涛生前在扬州大涤堂就曾亲自精刻成书，名曰《画谱》，但流传未广。现在流传的《画语录》，则是雍正年间汪绎辰的传抄本，和石涛自己的刻本有不少差异。一部《画语录》深刻地总结了这位画坛奇才的绘画艺术观和美学思想，对后世产生了较大的影响。《画语录》开篇即云：“太古无法，太朴不散；太朴一散，而法立矣。法于何立？立于一画。一画者，众有之本，万象之根；见用于神，藏用于人，而世人不知。所以一画之法，乃自我立。”这就是中国传统绘画理论中著名的“一画论”。认为“一画”不只是“一条横线”，而是“最原始最完整的线”，是“最上大法也”。石涛认为，“夫画者，从于心者也”。“此一画收尽鸿蒙之外，即亿万万笔墨，未有不始于此而终于此。”“一画论”是石涛绘画理论的出发点，也是其艺术哲学的核心。

和世界文化相比，西方喜散，分析事物、定立法则愈来愈细，见散而不知归。石涛之法，不忘“太朴不散”的本真浑朴之气。“以一法贯众法者。”石涛所说的“一画”,它从心生出,是画家心性的流露。其学识修养、技艺训练,以及对山川草木、鸟兽虫鱼的感悟,所处的社会环境、时代风气、人生际遇等等,各种显露的、隐含的、自觉的、不自觉的,一切尽在一画之中,一画便是一切。一画未出之时,所有这些都是存在于画家心中的混沌的“太朴”,一画既出,则“太朴散矣”,静止的、原始的状态被打破,而将画家心中混沌的“太朴”运行为具体而微的纸上的形象,主宰其运动过程和结果的,便是这“无法之法”的“一画之法”。

西方学者弗洛伊德认为,艺术创作中,人的潜意识或潜能会发挥很大的作用,而且不为人的主观意志所左右,也不受种种法的约束。其所指的这种潜意识或潜能,和石涛“一画之法”的内涵,给人以相同的启示。东西方两位大师的心应该是相通的。石涛堪称中国画一代宗师。

石涛有关绘画的经典句有:“画到无声,何敢题句。”“叠叠晴霞,秋来水面;层层幽石,人住画中。”

《行书七言诗》

当年任侠五湖游,老大归来卧一丘。
江上数峰堪供眼,床头斗酒醮诗喉。
吞声听说国朝事,忍死愚忠旦夕休。
无发无冠双鬓白,对君长夜话真州。

郑 燮（诗人，书、画家）

不守陈规不适时，诗书画印见新奇。

官纱脱去衙斋虑，兰竹随心着叶枝。

郑板桥（1693—1765年），原名郑燮，字克柔，号理庵，又号板桥，人称板桥先生，清代江苏兴化人，祖籍苏州。诗人、书画家。

郑板桥早岁艰辛，出生时家道已经中落，生活拮据。3岁时，生母汪夫人去世，少时随父立庵至真州毛家桥读书。至八九岁已在父亲的指导下作文联对。16岁从乡贤陆种园先生学填词。20岁左右考取秀才。27岁至真州之江村设塾教书。30岁时板桥已有2女1子，生活更加困苦，故弃馆至扬州卖画为生。33岁出游求学，交游以求通仕。40岁，乡试中举。 44岁中进士。50岁始先后任河南范县、山东潍县知县。

郑板桥理政能体恤民情，爱护百姓，改革弊政，于是社会安定，百姓安居，赢得了时间读书挥毫。“民于顺处皆成子，官到闲时更读书。”为官期间，尤其在官潍县时，郑板桥无论是在吏治还是诗文书画方面都达到了新的高峰，“吏治文名，为时所重”。板桥居官10年，洞察了官场的种种黑暗，立功天地，字养生民的抱负难以实现，归田之意与日俱增。61岁时，因为民请赈忤逆大吏而去官。离去潍县之时，百姓遮道挽留，家家画像以祀，并自发于潍城海岛寺为郑板桥建立了生祠。

郑板桥去官以后，客居扬州，以卖画为生。往来于扬州、兴化之间，与同道中人书画往来，诗酒唱和。

郑板桥的书法，用隶体掺入行楷，自称"六分半书"，人称"板桥体"。所谓"六分半"，其意大致是隶书，掺杂了楷、行、篆、草等书的结体，笔画保留了隶书"八分书"之波磔。其书法作品的章法很有特色。将大小、长短、方圆、肥瘦、疏密错落穿插，如"乱石铺街"，看似杂乱却含着规矩。在随笔挥洒之间，产生跳跃灵动的节奏，达到了整体美观的效果。

郑板桥的画，多画兰、竹、石，自称"四时不谢之兰，百节长青之竹，万古不败之石，千秋不变之人"。兰、竹、石成为其心灵的寄托，品节的象征。郑板桥每画必题以诗。其题画诗已摆脱传统单纯的以诗就画或以画就诗的窠臼，每有题必佳，达到"画状画之像""诗发难画之意"的境界。诗画映照，无限拓展了画面的意境。

郑板桥的一生，经历了坎坷，饱尝了酸甜苦辣，看透了世态炎凉。其将这阅历情感都糅进作品中。诗画出于现实生活，有着深刻的思想内涵。如在《兰竹石图》中云："要有掀天揭地之文，震电惊雷之字，呵神骂鬼之谈，无古无今之画，固不在寻常蹊径中也。"

郑板桥的诗书画，被世人称为"三绝"，是清代有代表性的文人。代表作品有《修竹新篁图》《清光留照图》《兰竹芳馨图》《甘谷菊泉图》《丛兰荆棘图》等，著有《郑板桥集》。

郑板桥题画诗直抒胸臆，如题竹诗："衙斋卧听萧萧竹，疑是民间疾苦声。些小吾曹州县吏，一枝一叶总关情。"题兰画："兰花与竹本相关，总在青山绿水间。霜雪不凋春不艳，笑人红紫作客顽。"题竹图："乌纱掷去不为官，囊橐萧萧两袖寒。写取一枝清瘦竹，秋风江上作渔竿。”题石图：“谁与荒斋伴寂寥，一枝柱石上云霄。挺然直是陶元亮，五斗何能折我腰。”题《荆棘丛兰石图》：“不容荆棘不成兰，外道天魔冷眼看。看到鱼龙都混杂，方知佛法浩漫漫。”题兰竹：“四时花草最无穷，时到芬芳过便空。唯有山中兰与竹，经春历夏又秋冬。”

※后人评说

清·李鳝《楹联丛话》：三绝诗书画，一官归去来。

清·蒋士铨《题画兰》：板桥作画如写兰，波磔奇古形翩翩。板桥写兰如作字，秀叶疏花是姿致。

※后人纪念

今江苏兴化、河南范县建有郑板桥纪念馆。

伯　牙(音乐家)

流水高山雅士吟，人生惬意是知音。

樵夫逝去同谁语，洒泪绝弦孤独心。

伯牙，姓伯，名牙，又作伯雅，春秋战国时期楚国郢都(今湖北省荆州市)人。音乐家，琴师。

伯牙生卒年已不可考。据《列子》《荀子》《琴操》等书记载，伯牙是著名琴师，曾任春秋时期晋国的上大夫，负责外交。

伯牙小时天赋极高，酷爱音乐，拜当时很有名气的琴师成连学琴。学琴三年不成，老师成连将其带到东海蓬莱山去，说是找仙师，实是让其领略大自然的壮美神奇，领悟音乐的真谛。伯牙每日在海边听海水澎湃，在山中听群鸟交鸣，逐渐有悟。一次跟随老师寻找美景，走在山间一条小路上，发现了一处奇异的地方，伯牙专心欣赏酝酿琴曲，不觉老师离去。伯牙作完曲，付之于琴，琴声优美。这时老师突然出现，夸奖说："好啊，仙师终于找到了！"后来伯牙之曲调琴艺愈来愈精美，伯牙被人尊为"琴仙"，其弹出的琴声被人视为"仙音"。

伯牙鼓琴，难遇知音，内心常有孤独感，直到一次奉晋王之命出使楚国，中秋之夜船泊汉阳江口。天空一轮满，江上数峰青，伯牙兴起，拿出随身所带的琴，弹了起来。一曲又一曲，江岸一人驻足聆听，良久不去。询问，得知是位樵夫,名钟子期,说是好久没听到这么美妙的声音了。伯牙遇到懂音乐的人,邀请上船。钟子期见琴,赞扬说,这是古瑶琴,相传是伏羲氏造的,并接着说了这琴的来历,还说了伯牙刚才弹的几首古曲名字。伯牙心中暗暗佩服,接着弹起了自己创作的曲谱。钟子期都能随之说出琴声表达的意思。当曲调表现高山时,钟子期说:"善哉,峨峨兮若泰山!"当曲调表述流水时,钟子期说:"善哉,洋洋兮若江河!"伯牙惊喜万分,终于遇到知音。两人结为兄弟,天明洒泪而别,相约来年中秋再于此处相会。

第 2 年中秋,伯牙如约来到了汉阳江口,可是不见钟子期,于是便弹起琴来召唤。又过了好久,还是不见人来。第 2 天,伯牙打听钟子期的下落,得知钟子期已不幸染病去世了。钟子期临终前留下遗言,要葬在江边,待到 8 月 15 日,再听伯牙的琴声。伯牙万分悲痛,来到钟子期的墓前,弹起了《高山流水》。一遍又一遍,直到琴弦折断。伯牙口吐鲜血,连呼钟子期名字,将瑶琴摔碎。知音不在,留琴何用?此后不再鼓琴。

两位"知音"的友谊感动了后人,"高山流水",既用于比喻乐曲的美妙,也成了知音的代名词。

相传《高山流水》《水仙操》等琴曲均为伯牙所作。荀况《劝学》篇中的"昔者瓠巴鼓瑟,而沉鱼出听;伯牙鼓琴,而六马仰秣",极言其音乐演奏的生动美妙。

※后世纪念

汉阳龟山琴台,又名伯牙台。位于汉阳龟山西麓,月湖东畔,是为纪念伯牙弹琴遇知音钟子期而修建的纪念性建筑。始建于北宋,门额"琴台"相传出自米芾之手。

古琴台园中有集句联:"志在高山,志在流水;"出自《列子·汤问》。"一客荷樵,一客抚琴。"出自《诗品·实景》。

王安石《伯牙》诗:"千载朱弦无此悲,欲弹孤绝鬼神疑。故人舍我闭黄壤,流水高山心自知。"

杨玉环（音乐、舞蹈家）

玉女丰姿百媚身，弦歌妙舞四时春。
明皇重艺相知爱，鼙鼓声中化作尘。

杨玉环（719—756年），号太真、杨玉、玉奴，唐代生于广西容州。音乐家。

杨玉环出生宦门世家。高祖父杨汪是隋朝的上柱国、吏部尚书，父杨玄琰，曾担任过唐代蜀州司户，叔父杨玄珪曾任河南府士曹。开元十七年（729年），杨玉环10岁左右父亲去世，被寄养在洛阳的三叔杨玄珪家。

杨玉环天生丽质，加上优越的教育环境，从小修养文化。她性格婉顺，精通音律，擅歌舞，尤善弹琵琶。

开元二十二年（734年）7月，唐玄宗的女儿咸宜公主在洛阳举行婚礼，杨玉环年约16岁，应邀参加。咸宜公主之胞弟寿王李瑁对杨玉环一见钟情，唐玄宗在武惠妃的要求下当年就下诏册立杨玉环为寿王妃。婚后，两人生活甜蜜。

开元二十五年（737年）武惠妃逝世，武惠妃是玄宗最为宠爱的妃子，在宫中的礼遇等同于皇后。玄宗因此郁郁寡欢，当时后宫数千人，无可意者，有人（据说是高力士）向皇上进言称杨玉环“姿质天挺，宜充掖廷”。唐玄宗喜欢这个儿媳杨玉环，但有违天伦，不能结合。

后，在唐玄宗母亲窦太后的忌辰，杨玉环请求出家，为太后祈祷追福。

唐玄宗准予，敕书杨玉环出家为道士，道号“太真”。唐玄宗为寿王李瑁另配了妃子。

天宝四年(745年)，唐玄宗册立杨玉环为贵妃，玄宗自废掉皇后就再未立后，因此杨贵妃相当于皇后。此时杨贵妃约27岁。玄宗召见杨贵妃时，为之亲谱《霓裳羽衣曲》，令乐工奏此新乐。玄宗对后宫人说：“朕得杨贵妃，如得至宝也。”

杨玉环得唐玄宗之宠，全家受益。大姐、三姐、八姐均封为夫人，兄弟均赠高官，甚至远房兄弟杨钊，玄宗也赐名国忠，身兼10余职。杨国忠为相时操纵朝政，不顾礼仪，大肆收受贿赂。期间，玄宗觉察，曾两次逐杨贵妃出宫。但杨玉环自入宫后，遵循封建的宫廷体制和妇人之道，不过问朝廷政治，不插手权力之争，以自己的妩媚温顺及过人的音乐才华，得玄宗之爱，并视为知己，玄宗终难舍弃玉环，逐出复又召回。

天宝十四载(755年)，范阳、平卢、河东三镇节度使安禄山以清君侧，反杨国忠为名起兵叛乱，兵锋直指长安。次年，唐玄宗带着杨贵妃与杨国忠逃往蜀中(今四川成都)，途经马嵬驿(今陕西兴平市西)时，陈玄礼为首的随驾禁军军士，一致要求处死杨国忠和杨贵妃。唐玄宗本心要保全贵妃，无奈禁军士兵皆认为贵妃乃祸国红颜，杨玉环遂死。时年38岁。

杨玉环不仅懂音律，能歌善舞，也能诗。《全唐诗》收有其《赠张云容舞》一首：“罗袖动香香不已，红蕖袅袅秋烟里。轻云岭上乍摇风，嫩柳池边初拂水。”

杨玉环为唐代宫廷音乐家、舞蹈家，其才华在历代后妃中鲜见，被后世誉为中国古代四大美女之一。自唐代始，李白、白居易、杜牧等文人因其留下许多诗篇，元明后说唱戏文亦不少。

杨贵妃的衣冠冢，位于陕西省咸阳市兴平嵬市马镇，距西安60公里。墓呈半球形，墓后有一座高约6米的杨贵妃大理石塑像。

杨玉环是幸运的，其才貌素质得遇于时，显耀于盛世；但也是不幸的，非其自身原因，而终于王权之衰败。

孟　母(贤母)

寡母育儿千百难，三迁卓识非一般。

陈情喻物停机杼，堪塑金身立教坛。

孟母(？—前317年)，仉氏，孟轲的母亲，战国时晋国(今山西省晋中市太谷县西仉村)人，贤母。

孟母，系魏公子仉启女儿。《孟子世家族谱》记载：亚圣祖(孟轲)系出自鲁桓公允，重孙激，字公宜，娶魏公子仉启女，于周烈王四年(前372年)四月二日己酉生轲，字子车，又字子舆。

孟母有学识，教子有方，留下了佳话传世。最早记述孟母教子故事的是作于西汉文景时期的《韩诗外传》，其次是刘向所作《列女传》。其记述内容，主要有“孟母三迁”“断织教子”“劝止孟轲出妻”“鼓励孟子离开齐国”等故事。

孟母嫁到邹邑孟家时，家道已经中落，丈夫早逝。年幼的孟轲，唯赖母亲养育。

孟母三迁：孟母同儿子住所靠近墓地，孟轲小时候，见到的都是下葬哭丧一类的事，因此学着玩这类游戏。孟母觉得这里不适合，于是迁往集市旁。孟轲模仿性强，又学着商人夸口买卖。孟母又觉得这里不是小孩宜居之处，再次搬迁，把家安在学校的旁边。在此，孟轲见到的是师生读书礼仪，为以后孟轲好学打下基础。由此可见孟母的见识，且她重视孩子的成长环境。

断织教子:孟轲上学后,一次放学回家。孟母正在织布,见儿子回来,问起他的学习情况,儿子漫不经心,一副无所谓的样子。孟母遂起身拿起剪刀把织好的布剪断。孟子见状惶恐,问母亲为何。孟母说:学业不用心,就像这断布一样,不能成材。只有持之以恒,才能成为有用的人。孟轲自此,勤学不止,这是孟母教育孩子学贵有恒。

劝止休妻:孟轲婚后,一次回家走进到自己卧室,见妻子衣衫不整地坐着。孟轲不高兴,立即出来对母亲说妻子无礼,要休妻。孟母说这是你的不对,将入门时,应先问候,不可出其不意,让人无准备。这次你孟轲进到妻子卧室,先不吭声,是你无礼,不是妇无礼。于是孟轲自责,不敢休妻。

鼓励出齐:孟轲在齐国,面有忧色。孟母问原因,孟轲说,我所思所行在齐国不适应,想出去。但是担心母亲已经年老,于是忧愁。孟母说,妇人有三从之道,年少则从乎父母,出嫁则从乎夫,夫死则从乎子。今你已经成人,而我老矣。子行于义,我遵从礼。你当尽管去追寻你的理想。

后,孟轲经过努力,终于成为大儒。其母,克勤克俭,含辛茹苦,坚守志节,深明大义,在中国历史上受到普遍尊崇。黎民百姓传颂着她的故事,文人学士为其立传作赞,达官显贵中孟氏后裔为其树碑修祠。

孟母成为历代贤妻良母的典范,被列为贤良母亲之首。

王　嫱(名女)

昭君出塞息烽烟，大汉文传漠北边。

何故戏言图像事，和戎本是国之篇。

王嫱(生卒年不详)，字昭君，乳名皓月，西汉南郡秭归(今湖北省宜昌市兴山县)人，晋代为避司马昭讳，因称明妃。美女、和平使者。

王嫱小时聪明伶俐，又天生丽质，被父母兄嫂宠爱。学习琴棋书画，无所不通。建昭三年(前 36 年)，汉元帝昭示天下，遍选秀女。王嫱被选中，入皇宫为宫女。因宫中美女多，3 年未得机缘面见君主。竟宁元年(前 33 年)，北方匈奴首领呼韩邪单于主动来汉朝，对汉称臣，并请求与汉皇室女儿结亲，以续永久之好。汉元帝很高兴，但皇后不同意。于是在后宫选女。王嫱听说，挺身而出，慷慨应诏，愿意前往。

在欢送呼韩邪单于大会上，元帝见王嫱端庄美貌，心生不舍，意欲留之，但已经允诺，不能失信，便重赏锦帛、黄金、美玉、骏马等贵重物品，并亲自送出长安 10 余里。王嫱跟随单于别长安、出潼关、渡黄河、过雁门，历时 1 年多到达漠北。到达之时，受到匈奴人的盛大欢迎。并被封为“宁胡”阏氏(皇妃)，期望匈奴能够安宁，不生事端。

王嫱肩负着汉与匈奴和好之使命，在异国他乡入乡随俗，待人处事有礼有节，深得单于及其王室家人的敬重，从此汉匈两族相处和睦，边境安宁，国泰民安。出现了“边城晏闭，牛马布野，三世无犬吠之警，黎庶忘干戈之役”的欣欣向荣的和平景象。建始二年（前31年），呼韩邪单于亡故，大阏氏（皇后）的长子雕陶莫皋继承了单于的职位，按照匈奴“父死，妻其后母”的风俗，王嫱以大局为重，入乡随俗，嫁给呼韩邪的长子雕陶莫皋单于，又生2女。鸿嘉元年（前20年），雕陶莫皋单于死，昭君自此寡居。王嫱和其子女后代以及姻亲对胡汉两族人民和睦亲善继续努力，做出了巨大贡献，边塞的烽烟熄灭了50年。

传说王嫱进宫后，因未贿赂画师毛延寿，毛延寿便在其画像上点上丧夫落泪痣，令王嫱不得面见君主，在后宫受冷遇。

王嫱的事迹，《汉书》《后汉书》等正史中都有记载，后随着各种民间文艺、野史、小说的传播，而家喻户晓，妇孺皆知。人们一直记得王昭君的历史功绩，元代诗人赵介认为王昭君的功劳，不亚于汉朝名将霍去病。昭君的故事，成为我国历史上流传不衰的民族团结的佳话。反映王昭君的诗歌有700余首，与之有关的小说、民间故事、戏剧有近40种，写过昭君事迹的名人有500多人，如蔡邕、李白、杜甫、白居易、李商隐、王安石、耶律楚材等。

唐代·张仲素《王昭君》

仙娥今下嫁，骄子自同和。
剑戟归田尽，牛羊绕塞多。

明代·莫止《昭君曲》

但使边城静，娥眉敢爱身。
千秋青冢在，犹是汉宫春。

※后世纪念

昭君墓，又名青冢，位于内蒙古呼和浩特市南郊，现墓区已辟为景区，有昭君博物院、昭君雕像等。

长孙皇后(贤后)

献谋雅韵助夫君，简略家风约族群。
有识良臣无后顾，雍容懿德史铭文。

长孙氏(601—636年)，初唐河南洛阳人，小字观音婢。贤女，李世民的皇后，谥号文德皇后。

长孙皇后出身于贵族世家，父亲是隋朝右骁卫将军长孙晟，母亲高氏也是名宦之女。长孙皇后8岁时丧父，由舅父高士廉(初唐宰相)抚养。

长孙氏的哥哥长孙无忌和李世民是少时好友，大业九年(613年)，13岁的长孙氏，与16岁的李世民完婚。长孙皇后喜爱看书籍图传，即便是梳妆打扮时也手不释卷，婚后经常与丈夫一起共执书卷，谈古论今，并能发表独特见解，对丈夫与朝政大有裨益。

李世民登基后，由于对长孙皇后的爱重，对长孙家族常常恩遇逾制，尤其是对长孙无忌。长孙皇后以盈满为诫，说服胞兄长孙无忌让出宰执之位，得以闲职高薪。长孙皇后对外戚之事一直以前代为鉴，临终前仍然不忘嘱托丈夫不要给予外戚太多，认为自己的家族有幸结为皇室姻亲已经是很大的荣幸了，只需要以外戚的身份觐见，就足够了。

长孙皇后还利用自身对丈夫的影响力来护慰朝廷贤良，匡正丈夫的过失。长孙皇后一方面保护并鼓励敢于直谏的魏徵，爱护善于谋略的房玄龄等忠臣良将；另一方面也不断地以历史故事来提醒李世民行仁政。她以女性特有的魅力在男权至上的封建社会发挥着独特的作用，辅佐皇帝丈夫。出现了君明、后贤、臣直，文治武功，春风和睦，亲切包容的气氛。大唐初期迎来了它令后世魂萦梦绕的理想境界“贞观之治”。

长孙皇后生性简约，所需的物品，够用即可。对于皇子要求也很严格，经常训诫诸位皇子，要求他们以谦恭节俭为先，即使自己的亲生子女也不例外。长孙皇后的长子李承乾，自幼便被立为太子，由其乳母遂安夫人总管东宫的日常用度。皇后对遂安夫人说：“身为储君，所患者德不立而名不扬，何患器物之短缺与用度之不足呢。”唐太宗溺爱皇后所生的长乐公主，在公主出嫁时，太宗对大臣说要增加礼数，大臣纷纷表示可以，但是长孙皇后坚持制止。

长孙皇后遗言要求薄葬，不起坟茔，以山为陵。一向爱重妻子的太宗不仅听从，更下诏将其作为祖制，以传后世。从此开创了唐朝以山为陵的先河。贞观十年(636 年)长孙皇后病逝，太宗命阎立德营建昭陵。贞观二十三年(649 年)，太宗也入葬昭陵，与长孙皇后相聚。

长孙皇后辅佐唐太宗开创“贞观之治”，留下“千古贤后”的美名。

长孙皇后留存有诗文。《旧唐书》记载其所著《女则》：“撰古妇人善事，勒成十卷，名曰《女则》，自为之序。”今已散失。有诗：

《春游曲》

上苑桃花朝日明，兰闺艳妾动春情。
井上新桃偷面色，檐边嫩柳学身轻。
花中来去看舞蝶，树上长短听啼莺。
林下何须远借问，出众风流旧有名。

文成公主(贤女)

盛唐公主吐蕃行,带去中原万里情。
汉藏交和无战事,言功最是播文明。

文成公主(625—680 年),出生于任城(今山东省济宁市)唐室宗亲家庭。贤女,联姻吐蕃,传播文明。

文成公主,生平事迹史书记载不详,多猜测是唐高祖李渊的堂侄江夏王李道宗女儿。李道宗因战功被封为任城王,女儿就生在任城。唐贞观八年(634 年),吐蕃赞普松赞干布遣使大唐,多次请求娶唐公主。后一并派人送黄金 5000 两及相等数量的珍宝来正式下聘礼。

贞观十五年(641 年)正月十五,唐太宗将文成公主下嫁松赞干布,诏令江夏王李道宗持节护送。文成公主在唐送亲使江夏王李道宗和吐蕃迎亲专使禄东赞的伴随下,前往吐蕃。文成公主一行从长安出发,途经西宁,翻日月山,长途跋涉西去。松赞干布率群臣到河源附近的柏海(今青海玛多县境内)迎接文成公主,谒见李道宗,行子婿之礼。之后与公主同返逻些(今拉萨),为文成公主加冕,封王后。并为之筑城、修建宫室。

文成公主与吐蕃松赞干布和亲,开创了唐蕃交好的新时代。

松赞干布非常喜欢贤淑多才的文成公主,专门为公主修筑布达拉宫。

布达拉宫主楼13层，高117米，占地面积36万余平方米，共有1000间宫室，富丽壮观，气势磅礴。宫中保存有大量内容丰富的壁画，其中有唐太宗五难吐蕃婚使噶尔禄东赞的故事，文成公主进藏一路遇到的艰难险阻，以及抵达拉萨时受到热烈欢迎的场面等。这些壁画构图精巧，人物栩栩如生，色彩鲜艳。布达拉宫的吐蕃遗址后面还有松赞干布当年修身静坐之室，四壁陈列着松赞干布、文成公主、禄东赞等人的彩色塑像。

贞观二十三年(649年)，唐太宗李世民逝世，新君高宗李治继位后，遣使入蕃告哀，并授松赞干布"驸马都尉"，封"西海郡王"。松赞干布派专使往长安吊祭太宗。

文成公主入藏，唐蕃之间的友谊有了很大的发展，使臣和商人频繁往来。松赞干布十分倾慕中原文化，脱掉毡裘，改穿绢绮，并派吐蕃贵族子弟到长安读书。在唐境聘请文士为其掌管表疏，又向唐请求给予蚕种及制造酒、碾硙、纸墨的工匠。文成公主入藏时，带去了营造与工技、医学医疗、种植养殖等方面的著述几百类，并一些器械、样品、种子等实物。随文成公主入藏的文士们帮助整理吐蕃的有关文献，使吐蕃的政治走出原始性，走向正规化。汉民族的文化传播到西藏，对西藏的开发、文化经济等各方面予以促进，西藏因有大唐文化的滋养得以长足发展。

松赞干布逝世后，文成公主继续在吐蕃生活达30年，继续为唐朝和吐蕃的友好关系做贡献。文成公主与松赞干布的故事，以及推进藏族文化的功绩，至今仍以戏剧、壁画、民歌、传说等形式在汉藏民族间广泛传播。唐人陈陶《陇西行》诗有"自从贵主和亲后，一半胡风似汉家"语，可见文成公主对吐蕃吸收汉文化的巨大促进。

※后世纪念

文成公主庙别名"沙加公主庙"，位于青海玉树市结古镇东南25公里的贝纳沟。庙宇紧贴百丈悬崖，风景幽静。这里一年四季香火不断，酥油灯昼夜长明，前来朝拜的藏汉群众络绎不绝。

梁红玉（女将）

女子戎装勇武行，萧萧苇荡布奇兵。
三通战鼓传军令，十万强徒哀号声。

梁红玉（1102—1135年），原籍安徽池州，生于江苏淮安。宋代抗金女将。

梁红玉出身将门之家，自幼随父兄练就了一身功夫。后因父兄战败获罪，被贬入教坊。生活在宋都城东京（今河南省开封市）。史书中不见其名，只称梁氏。“红玉”的名字，首见于明朝张四维所写传奇《双烈记》：“奴家梁氏，小字红玉。父亡母在，占籍教坊，东京人也。”

在平定方腊起义后的庆功宴上，梁红玉初遇韩世忠，两人见面如故，结成伴侣。建炎三年（1129年），苗傅叛乱，梁红玉受命，一夜奔驰数百里，召韩世忠入卫平叛。韩世忠会同刘光世、张俊，带兵平定了苗傅等人的叛乱。宋高宗喜出望外，亲自到宫门口迎接他们夫妇，授韩世忠武胜军节度使，不久又拜为江浙制置使。梁红玉被封为安国夫人和护国夫人。

梁红玉从此多次随夫出征，击败金军。最闻名的是建炎四年（1130年）黄天荡（今江苏省南京市栖霞区水域）之战，夫妇二人在江中布置兵力，拦截金军归师。双方在江面上展开激战。梁红玉冒着箭雨亲自擂鼓激励士气，并以鼓声指挥部队，连续10余次打退了金军。金军始终不能渡江，被宋军逼入黄天荡死港。奈何宋军人数太少，敌我双方力量悬殊，而未能消灭金军。这次梁红玉和韩世忠共同指挥几千军士，将入侵掳掠后欲北归的数万金军阻击在长江南岸达48天之久，从此名震天下。

绍兴五年（1135年），韩世忠被任命为武宁安化军节度使，驻扎楚州（今江苏省淮安区）。梁红玉随韩世忠率领将士以淮水为界，旧城之外又筑新城，以抗击金兵。经过战乱的浩劫，楚州当时已遍地荆榛，军民食无粮，居无屋，梁红玉亲自用芦苇“织蒲为屋”，亲自尝食蒲茎，传说淮人食用“蒲儿菜”，即从梁红玉始，因此也称“抗金菜”。韩梁夫妇与士卒同劳役，共甘苦，士卒都乐于效命。经过苦心经营，楚州恢复了生机。此后10余年间，金人不敢犯。

梁红玉死于楚州抗金前线，韩世忠病逝后，夫妇合葬于苏州灵岩山下。

※后世纪念

江苏淮安县梁红玉祠，仿明代建筑。殿中置有高1.7米的梁红玉戎装佩剑塑像，塑像两侧联：

也是红妆翠袖；然而青史丹心。

西 施（名女）

浣纱村女本幽闲，为惑吴王出越关。
相惜心中无限意，恋情消逝宦情间。

西施（生卒年不详），本名施夷光，春秋末期出生于越国苎萝村（今浙江省诸暨市苎萝村）。美女，后人尊称其“西子”。

西施出身农家，父亲卖柴，母亲浣纱。苎萝有东西二村，夷光居西村，故名西施。西施常随母亲浣纱于溪，故溪名浣纱溪，西施又称浣纱女。

西施天生丽质、秀媚出众。时值越国被吴国打败，越王勾践在吴国为奴，服役回国后，欲图复兴，采纳了大夫文种、范蠡“伐吴九术”。其中第四术是针对吴王夫差好色享乐的性情，“遗美女以惑其心，而乱其谋”的美人计。勾践派范蠡实施，全国选美女，在苎萝山下得西施、郑旦二女。选来后，在专门建造的美女宫，教以歌舞、礼仪、美容等。西施聪慧好学，3 年学成，妩媚动人，善于舞蹈。范蠡献之于吴王。吴王夫差大悦，在姑苏建造姑苏台、馆娃宫，置西施、郑旦二女于椒花之房，而宠嬖西施尤甚。又修大池，池中设青龙舟，每日与西施等游玩嬉戏。西施擅长跳“响屐舞”，夫差还专门为其筑“响屐廊”，廊下挖空，放置数以百计的大缸，上铺木板。西施穿木屐起舞，裙系小铃，铃声和大缸的回响声交织在一起，令夫差如醉如痴。从此沉湎女色，不理朝政，逐渐走向亡国丧生的道路。

吴国亡，西施完成了使命，不知所终，传说随范蠡泛五湖而去(《越绝书》与《吴越春秋》记载不一)。范蠡为越国大夫，善于谋略，帮助越王灭吴后即辞职，泛舟五湖寻找商机，经商致大富，人称“陶朱公”。有传言，范蠡当初选美，见西施，爱之清纯质朴，二人缠绵悱恻。奈为国事，不能私情，献之于王。

西施与王昭君、貂蝉、杨玉环并称为中国古代“四大美女”，其中西施居首。后人说四大美女有“沉鱼落雁之容，闭月羞花之貌”，其中的“沉鱼”即指西施，出自西施浣纱的传说。

※后世纪念

当年西施浣纱时，鱼儿见其美貌，羞愧地沉入水底。在西施浣纱之处，有一巨大方石，古朴苍褐。上镌“浣纱”二字，为东晋大书法家王羲之书。南北朝刘宋孔灵符《会稽记》云：“诸暨苎萝山，有西浣纱石。”《舆地志》《十道志》《嘉泰会稽志》亦载：“勾践索美女以献吴王，得诸暨苎萝山卖薪女，曰西施。山下有西施浣纱石。”历代文人学士喜作歌骊之行，唐代大诗人李白《送祝八之江东赋得浣纱石》云：“西施越溪女，明艳光云海……未入吴王宫殿时，浣纱古石今犹在。”浣纱石现为诸暨市重点文物保护单位。

明代西施祠有楹联云：“越锦何须衣义士；黄金祇合铸娇姿。”

近代吴恭亨题诸暨西子庙联云：“麋鹿竟游姑苏，倾国倾城，隐然作卧薪尝胆奥援，咄咄吴其为沼；湖船晚逐范蠡，功人功狗，空付于盲女村翁乱说，嗟嗟汉实寡恩。”

美丽纯洁的女子，生在乱世，不能自己。私情被“公心”所迫，为公是喜，论私乃悲。曹雪芹诗云：“一代倾城逐浪花，吴宫空自忆儿家。效颦莫笑东村女，头白溪边尚浣纱。”感叹西施不如东施之平安一生。

貂　蝉(名女)

为弱强权用女颜，司徒王允计连环。

栖身重地轻生死，笑语悲情戏剧间。

貂蝉，传说原名任红昌，小名貂蝉，关西临洮人氏。中国古代四大美女之一。

貂蝉的故事最早出现于元代《三国志平话》中，元末罗贯中在小说《三国演义》中进行加工改编，将其形象完善。

貂蝉是司徒王允家歌女，聪明美貌。时东汉王朝被权臣董卓所操纵，司徒王允深为忧虑。一次貂蝉在月下焚香祷告上天，愿为主人分忧，恰巧为王允瞧见。于是，王允便将貂蝉收为义女，定下连环美人计，离间董卓与养子吕布的关系。王允先把貂蝉暗地里许配给吕布，再明着把貂蝉献给董卓做妾。貂蝉嫁给董卓之后对吕布暧昧送情，周旋于父子二人之间。

一日，吕布乘董卓上朝时，入董卓府探望貂蝉，貂蝉和吕布相约来到凤仪亭相会。貂蝉假意对吕布哭诉被董卓霸占之苦，正巧被董卓回府撞见。董卓大怒，拿起吕布的方天画戟，直刺吕布。吕布飞身逃走，从此两人互生怨气，王允见时机成熟，便说服吕布，铲除了董卓。

连环计由王允策划导演，实施者是貂蝉。在《三国演义》之中，董卓祸乱朝纲，残忍暴戾，滥杀无辜，百姓深受其害。而群臣皆岌岌自危，即便枭雄曹操亦是行刺失败而亡命天涯。由于貂蝉的正义感和献身精神，才有了王司徒巧施连环计的佳话；并由于貂蝉的表演才有了大闹凤仪亭的风波，才致使凶横无忌、权倾一时的董卓被吕布所戮。

罗贯中有词赞之曰：

原是昭阳宫里人，惊鸿宛转掌中身，只疑飞过洞庭春。按彻梁州莲步稳，好花风袅一枝新，画堂香暖不胜春。

又诗曰：

红牙催拍燕飞忙，一片行云到画堂。眉黛促成游子恨，脸容初断故人肠。榆钱不买千金笑，柳带何须百宝妆。舞罢隔帘偷目送，不知谁是楚襄王。

近代史学家蔡东藩在《后汉演义》中说："司徒王允累谋无成，乃遣一无拳无勇之貂蝉，以声色为戈矛，反能致元凶之死命，粉红英雄真可畏哉。"

※后世纪念

甘肃临洮县建有貂蝉湖公园，湖前置汉白玉貂蝉雕像。

后　记

厚重的中华文明,孕育了代代名人。
续《咏古百首》,再读百名,
今记录成册,以不负初心。

文中引用的学术成果,在此对作者诚心致谢!
感谢江西高校出版社各位编辑的辛勤付出!
感谢王小林记者为此书出版所付出的心力!

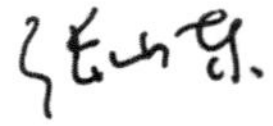